Schöningh
westermann

AF198535

EinFach
Deutsch

Theodor Storm

Pole Poppenspäler
Novelle

Erarbeitet und mit Anmerkungen
versehen von Jean Lefebvre

Herausgegeben von
Johannes Diekhans

westermann GRUPPE

© ab 2004 Bildungshaus Schulbuchverlage
Westermann Schroedel Diesterweg Schöningh Winklers GmbH
Braunschweig, www.westermann.de

Druck A^5 / Jahr 2021
Alle Drucke der Serie A sind im Unterricht parallel verwendbar.

Umschlaggestaltung: Jennifer Kirchhof
Druck und Bindung: Westermann Druck GmbH, Braunschweig

ISBN 978-3-14-**022336**-2

Theodor Storm:
Pole Poppenspäler (1874)

Pole Poppenspäler

Ich hatte in meiner Jugend einige Fertigkeit im Drechseln[1] und beschäftigte mich sogar wohl etwas mehr damit, als meinen gelehrten Studien[2] zuträglich war; wenigstens geschah es, dass mich eines Tages der Subrektor[3] bei Rückgabe eines nicht eben fehlerlosen Exercitiums[4] seltsamerweise fragte, ob ich vielleicht wieder eine Nähschraube[5] zu meiner Schwester Geburtstag gedrechselt hätte. Solche kleine Nachteile wurden indessen mehr als aufgewogen durch die Bekanntschaft mit einem trefflichen Manne, die mir infolge jener Beschäftigung zuteil wurde. Dieser Mann war der Kunstdrechsler und Mechanikus[6] Paul Paulsen, auch deputierter Bürger[7] unserer Stadt. Auf die Bitte meines Vaters, der für alles, was er mich unternehmen sah, eine gewisse Gründlichkeit forderte, verstand er sich dazu, mir die für meine kleinen Arbeiten erforderlichen Handgriffe beizubringen.

Paulsen besaß mannigfache Kenntnisse und war dabei nicht nur von anerkannter Tüchtigkeit in seinem eigenen Handwerk, sondern er hatte auch eine Einsicht in die künftige Entwicklung der Gewerke[8] überhaupt, sodass bei manchem, was jetzt als neue Wahrheit verkündigt wird, mir plötzlich einfällt: Das hat dein alter Paulsen ja schon vor vierzig Jahren gesagt. – Es gelang mir bald, seine Zuneigung zu erwerben, und er sah es gern, wenn ich noch außer den festgesetzten Stunden am Feierabend einmal zu ihm kam. Dann saßen wir entweder in der Werkstätte, oder sommers – denn unser Verkehr[9] hat jah-

[1] Holz kunstvoll verarbeiten
[2] Schularbeiten am Gymnasium
[3] Stellvertreter des Rektors, des Schulleiters
[4] schriftliche Übungsarbeit
[5] Holzschraube am Nähtisch zur Befestigung des Nähkissens
[6] lateinische Bezeichnung für jemanden, der mit Geräten umgeht und sie repariert, auch im Sinne von Puppenspieler verwendet
[7] Bürgervertreter im Stadtrat
[8] Gewerk: Handwerk
[9] Freundschaft

relang gedauert – auf der Bank unter der großen Linde
seines Gärtchens. In den Gesprächen, die wir dabei führten, oder vielmehr, welche mein älterer Freund dabei mit
m i r führte, lernte ich Dinge kennen und auf Dinge
5 meine Gedanken richten, von denen, so wichtig sie im
Leben sind, ich später selbst in meinen Primaner[1]-Schul-
büchern keine Spur gefunden habe.

Paulsen war seiner Abkunft nach ein Friese[2] und der
Charakter dieses Volksstammes aufs Schönste in seinem
10 Antlitz[3] ausgeprägt; unter dem schlichten blonden Haar
die denkende Stirn und die blauen sinnenden Augen;
dabei hatte, vom Vater ererbt, seine Stimme noch etwas
von dem weichen Gesang seiner Heimatsprache.

Die Frau dieses nordischen Mannes war braun und von
15 zartem Gliederbau, ihre Sprache von unverkennbar süd-
deutschem Klange. Meine Mutter pflegte von ihr zu
sagen, ihre schwarzen Augen könnten einen See ausbrennen, in ihrer Jugend aber sei sie von seltener Anmut
gewesen. – Trotz der silbernen Fädchen, die schon ihr
20 Haar durchzogen, war auch jetzt die Lieblichkeit dieser
Züge noch nicht verschwunden, und das der Jugend
angeborene Gefühl für Schönheit veranlasste mich bald,
ihr, wo ich immer konnte, mit kleinen Diensten und
Gefälligkeiten an die Hand zu gehen.

25 „Da schau mir nur das Buberl[4]“, sagte sie dann wohl zu
ihrem Mann; „wirst doch nit eifersüchtig werden, Paul!“
Dann lächelte Paul. Und aus ihren Scherzworten und
aus seinem Lächeln sprach das Bewusstsein innigsten
Zusammengehörens.

30 Sie hatten außer einem Sohne, der damals in der Fremde
war, keine Kinder, und vielleicht war ich den beiden
zum Teil deshalb so willkommen, zumal Frau Paulsen
mir wiederholt versicherte, ich habe grad ein so lustigs
Naserl[5] wie ihr Joseph. Nicht verschweigen will ich, dass

---

[1] Schüler in den zwei letzten Jahren des Gymnasiums
[2] Einwohner von Friesland, Land an der Nordseeküste
[3] Gesicht
[4] süddeutsch: der Bube, der Knabe
[5] süddeutsch: die Nase

Letztere auch eine mir sehr zusagende, in unserer Stadt
aber sonst gänzlich unbekannte Mehlspeise zu bereiten
verstand und auch nicht unterließ, mich dann und wann
darauf zu Gaste zu bitten. – So waren denn dort der
Anziehungskräfte für mich genug. Von meinem Vater 5
aber wurde mein Verkehr in dem tüchtigen Bürgerhau-
se[1] gern gesehen. „Sorge nur, dass du nicht lästig fällst!",
war das Einzige, woran er in dieser Beziehung zuweilen
mich erinnerte. Ich glaube indessen nicht, dass ich meinen Freunden je zu oft gekommen bin. 10
Da geschah es eines Tages, dass in meinem elterlichen
Hause einem alten Herrn aus unserer Stadt das neueste
und wirklich ziemlich gelungene Werk meiner Hände
vorgezeigt wurde.
Als dieser seine Bewunderung zu erkennen gab, 15
bemerkte mein Vater dagegen, dass ich ja aber auch
schon seit fast einem Jahr bei Meister Paulsen in der
Lehre sei.
„So, so", erwiderte der alte Herr: „bei Pole Poppenspäler!"[2] 20
Ich hatte nie gehört, dass mein Freund einen solchen
Beinamen führe, und fragte, vielleicht ein wenig nase-
weis, was das bedeuten solle.
Aber der alte Herr lächelte nur ganz hinterhaltig[3] und
wollte keine weitere Auskunft geben. – 25
Zum kommenden Sonntag war ich von den Paulsen'
schen Eheleuten auf den Abend eingeladen, um ihnen
ihren Hochzeitstag feiern zu helfen. Es war im Spätsom-
mer, und da ich mich frühzeitig auf den Weg gemacht
und die Hausfrau noch in der Küche zu wirtschaften 30
hatte, so ging Paulsen mit mir in den Garten, wo wir uns
zusammen unter der großen Linde auf die Bank setzten.
Mir war das „Pole Poppenspäler" wieder eingefallen,
und es ging mir so im Kopf herum, dass ich kaum auf
seine Reden Antwort gab; endlich, da er mich fast ein 35
wenig ernst wegen meiner Zerstreuung zurechtgewie-

---

[1] älteres, stattliches Wohnhaus
[2] Paul Puppenspieler (plattdeutscher Spitzname)
[3] mit Hintergedanken

sen hatte, fragte ich ihn geradezu, was jener Beiname zu
bedeuten habe.

Er wurde sehr zornig. „Wer hat dich das dumme Wort
gelehrt?", rief er, indem er von seinem Sitze aufsprang.
5 Aber, bevor ich noch zu antworten vermochte, saß er
schon wieder neben mir. „Lass, lass!", sagte er sich
besinnend; „es bedeutet ja eigentlich das Beste, was das
Leben mir gegeben hat. – Ich will es dir erzählen; wir
haben wohl noch Zeit dazu. –

10 In diesem Haus und Garten bin ich aufgewachsen,
meine braven Eltern wohnten hier, und hoffentlich wird
einst mein Sohn hier wohnen! – Dass ich ein Knabe war,
ist nun schon lange her; aber gewisse Dinge aus jener
Zeit stehen noch, wie mit farbigem Stift gezeichnet, vor
15 meinen Augen.

Neben unserer Haustür stand damals eine kleine weiße
Bank mit grünen Stäben in den Rück- und Seitenlehnen,
von der man nach der einen Seite die lange Straße hinab bis
an die Kirche, nach der anderen aus der Stadt hinaus bis in
20 die Felder sehen konnte. An Sommerabenden saßen meine
Eltern hier, der Ruhe nach der Arbeit pflegend[1]; in den
Stunden vorher aber pflegte ich sie in Beschlag zu nehmen
und hier in der freien Luft und unter erquickendem Aus-
blick nach Ost und West meine Schularbeit anzufertigen.
25 So saß ich auch eines Nachmittags – ich weiß noch gar
wohl, es war im September, eben nach unserem Michealis[2]-
Jahrmarkte – und schrieb für den Rechenmeister meine
Algebra-Exempel[3] auf die Tafel, als ich unten von der
Straße ein seltsames Gefährt heraufkommen sah. Es war
30 ein zweirädriger Karren, der von einem kleinen rauen Pferde gezogen wurde. Zwischen zwei ziemlich hohen Kisten,
mit denen er beladen war, saß eine große blonde Frau mit
steifen hölzernen Gesichtszügen und ein etwa neunjähri-
ges Mädchen, das sein schwarzhaariges Köpfchen lebhaft
35 von einer Seite nach der anderen drehte; nebenher ging,

---

[1] sich der Ruhe nach der Arbeit hingebend
[2] Jahrmarkt nach der Ernte am Ehrentag des Erzengels Michael
    (29. September)
[3] Algebra-Übung

den Zügel in der Hand, ein kleiner, lustig blickender Mann, dem unter seiner grünen Schirmmütze die kurzen schwarzen Haare wie Spieße vom Kopfe abstanden.

So, unter dem Gebimmel eines Glöckchens, das unter dem Halse des Pferdes hing, kamen sie heran. Als sie die Straße von unserem Hause erreicht hatten, machte der Karren Halt. „Du Bub", rief die Frau zu mir herüber; „wo ist denn die Schneiderherberge?"[1] Mein Griffel[2] hatte schon lange geruht; nun sprang ich eilfertig auf und trat an den Wagen. „Ihr seid grad' davor", sagte ich und wies auf das alte Haus mit der viereckig geschorenen Linde, das, wie du weißt, noch jetzt hier gegenüber liegt.

Das feine Dirnchen[3] war zwischen den Kisten aufgestanden, streckte das Köpfchen aus der Kapuze ihres verschossenen[4] Mäntelchens und sah mit ihren großen Augen auf mich herab; der Mann aber, mit einem „Sitz ruhig, Diendl!"[5] und „Schönen Dank, Bub!" peitschte auf den kleinen Gaul und fuhr vor die Tür des bezeichneten Hauses, aus dem auch schon der dicke Herbergsvater in seiner grünen Schürze ihm entgegentrat.

Dass die Ankömmlinge nicht zu den zunftberechtigten Gästen des Hauses gehörten, musste mir freilich klar sein; aber es pflegten dort – was mir jetzt, wenn ich es bedenke, mit der Reputation[6] des wohlehrsamen Handwerks sich keineswegs reimen will – auch andere, mir viel angenehmere Leute einzukehren. Droben im zweiten Stock, wo noch heute statt der Fenster nur einfache Holzluken auf die Straße gehen, war das hergebrachte Quartier aller fahrenden Musikanten, Seiltänzer oder Tierbändiger, welche in unserer Stadt ihre Kunst zum Besten gaben[7].

---

[1] Herberge für wandernde Handwerker – für Schmiede- und Schneidergesellen
[2] Schreibstift für die Schiefertafel
[3] süddeutsch: Wort für junges Mädchen
[4] verblichen
[5] süddeutsch: Kosewort für Mädchen
[6] Ruf
[7] Das fahrende Volk, zu dem als Puppenspieler auch die Ankömmlinge zählten, hatte einen schlechten Ruf – im Gegensatz zu den „wohlehrsamen" Zunfthandwerkern.

Und richtig, als ich am anderen Morgen oben in meiner
Kammer vor dem Fenster stand und meinen Schulsack
schnürte, wurde drüben eine der Luken aufgestoßen;
der kleine Mann mit den schwarzen Haarspießen steckte
5 seinen Kopf ins Freie und dehnte sich mit beiden Armen
in die frische Luft hinaus; dann wandte er den Kopf hinter sich nach dem dunklen Raum zurück und ich hörte
ihn „Lisei! Lisei!"[1] rufen. – Da drängte sich unter seinem
Arm ein rosiges Gesichtlein vor, um das wie eine Mähne
10 das schwarze Haar herabfiel. Der Vater wies mit dem
Finger nach mir herüber, lachte und zupfte sie ein paarmal an ihren seidenen Strähnen. Was er zu ihr sprach,
habe ich nicht verstehen können; aber es mag wohl
ungefähr gelautet haben: „Schau dir ihn an, Lisei!
15 Kennst ihn noch, den Bubn von gestern? – Der arme
Narr, da muss er nun gleich mit dem Ranzen in die Schule traben! – Was du für ein glücklichs Diendl bist, die du
allweg nur mit unserem Braunen landab, landauf zu
fahren brauchst!" – Wenigstens sah die Kleine ganz mit-
20 leidig zu mir herüber, und als ich es wagte, ihr freundlich zuzunicken, nickte sie sehr ernsthaft wieder.
Bald aber zog der Vater seinen Kopf zurück und verschwand im Hintergrund seines Bodenraumes. Statt
seiner trat jetzt die große blonde Frau zu dem Kinde; sie
25 bemächtigte sich ihres Kopfes und begann ihr das Haar
zu strählen[2]. Das Geschäft schien schweigend vollzogen
zu werden, und das Lisei durfte offenbar nicht muck-
sen[3], obgleich es mehrmals, wenn ihr der Kamm so in
den Nacken hinabfuhr, die eckigsten Figuren mit ihrem
30 roten Mäulchen bildete. Nur einmal hob sie den Arm
und ließ ein langes Haar über die Linde draußen in die
Morgenluft hinausfliegen. Ich konnte von meinem Fenster aus es glänzen sehen; denn die Sonne war eben durch
den Herbstnebel gedrungen und schien drüben auf den
35 oberen Teil des Herberghauses.

---

[1] Koseform für Elisabeth
[2] süddeutsch: kämmen
[3] sich nicht rühren

Illustration von Carl Offterdingen

Auch in den vorhin undurchdringlich dunklen Boden-
raum konnte ich jetzt hineinsehen. Ganz deutlich erblickte ich in einem dämmerigen Winkel den Mann an einem
Tische sitzen; in seiner Hand blinkte etwas wie Gold
oder Silber; dann wieder war's wie ein Gesicht mit einer 5
ungeheuren Nase; aber so sehr ich meine Augen
anstrengte, ich vermochte nicht klug daraus zu werden.
Plötzlich hörte ich, als wenn etwas Hölzernes in einen
Kasten geworfen würde, und nun stand der Mann auf
und lehnte aus einer zweiten Luke sich wieder auf die 10
Straße hinaus.

Die Frau hatte indessen der kleinen schwarzen Dirne ein verschossenes[1] rotes Kleidchen angezogen und ihr die Haarflechten wie einen Kranz um das runde Köpfchen gelegt.

Ich sah noch immer hinüber. „Einmal", dachte ich, „könnte sie doch wieder nicken!"

– – „Paul, Paul!", hörte ich plötzlich unten aus unserem Hause die Stimme meiner Mutter rufen.

„Ja, ja, Mutter!"

Es war mir ordentlich wie ein Schrecken in die Glieder geschlagen.

„Nun," rief sie wieder, „der Rechenmeister wird dir schön die Zeit verdeutschen[2]! Weißt du denn nicht, dass es lang schon Sieben geschlagen hat?"

Wie rasch polterte ich die Treppe hinunter!

Aber ich hatte Glück! Der Rechenmeister war gerade dabei, seine Bergamotten[3] abzunehmen, und die halbe Schule befand sich in seinem Garten, um mit Händen und Mäulern ihm dabei zu helfen. Erst um neun Uhr saßen wir alle mit heißen Backen und lustigen Gesichtern an Tafel und Rechenbuch auf unseren Bänken.

Als ich um elf, die Taschen noch von Birnen starrend, aus dem Schulhof trat, kam eben der dicke Stadt-Ausrufer die Straße herauf. Er schlug mit dem Schlüssel an sein blankes Messingbecken und rief mit seiner Bierstimme:

„Der Mechanikus[4] und Puppenspieler Herr J o s e p h T e n d l e r [5] aus der Residenzstadt München ist gestern hier angekommen und wird heute Abend im Schützen-hof-Saale[6] seine erste Vorstellung geben. Vorgestellt wird P f a l z g r a f   S i e g f r i e d   u n d   d i e   h e i l i g e

---

[1] verblichen

[2] hier: klar machen, wie spät es ist

[3] Birnensorte

[4] hier: Puppenspieler

[5] Anspielung auf Tändler: Altwarenhändler, Trödler

[6] berühmtes Versammlungshaus mit Schießstand der Schützengilde, Süderstr. 42; der Schützenhof-Saal befand sich im oberen Stock (s. Foto S. 84)

G e n o v e f a [1], Puppenspiel mit Gesang in vier Aufzügen."
Dann räusperte er sich und schritt würdevoll in der meinem Heimwege entgegengesetzten Richtung weiter. Ich folgte ihm von Straße zu Straße, um wieder und wieder 5 die entzückende Verkündigung zu hören; denn niemals hatte ich eine Komödie, geschweige denn ein Puppenspiel gesehen. – Als ich endlich umkehrte, sah ich ein rotes Kleidchen mir entgegenkommen; und wirklich, es war die kleine Puppenspielerin; trotz ihres verschosse- 10 nen Anzuges schien sie mir von einem Märchenglanz umgeben.
Ich fasste mir ein Herz und redete sie an: „Willst du spazieren gehen, Lisei?"
Sie sah mich misstrauisch aus ihren schwarzen Augen 15 an.
„Spazieren?", wiederholte sie gedehnt. „Ach du! – du bist g'scheit!"[2]
„Wohin willst du denn?"
– „Zum Ellen-Kramer[3] will i!" 20
„Willst du dir ein neues Kleid kaufen?", fragte ich tölpelhaft genug. Sie lachte laut auf.
„Geh! Lass mi aus! – Nein; nur so Fetzl'n!"[4]
„Fetzl'n, Lisei?!"
– „Freili! Halt nur so Resteln zu G'wandl' für die 25 Pupp'n; 's kost't immer nit viel!"

---

[1] *Pfalzgraf Siegfried und die heilige Genovefa:* berühmte Geschichte aus dem mittelalterlichen Volksbuch; Pfalzgraf Siegfried muss in den Krieg gegen die Heiden ziehen und überlässt dem jungen Ritter Golo seine Ehefrau Genovefa und seine Burg. Golo beschuldigt sie bald zu Unrecht des Ehebruchs und lässt sie einkerkern. Nach der Geburt ihres ehelichen Sohnes werden sie von einem Diener befreit und sie leben versteckt im Wald, wo ihr Mann sie eines Tages bei der Jagd trifft und sie in die Burg zurückbringt. Die vermeintliche Untreue wird entlarvt. 1853 erschien von Hebbel das Drama *Genoveva,* auf das Storm in der Novelle zurückgreift. Georg Geißelbrecht führte das Puppenspiel 1817 in Husum auf.
[2] süddeutsch: tüchtig, vernünftig (hier ironisch gebraucht)
[3] Stoffkrämer; der Ellenstab diente zum Abmessen der Ware.
[4] zerrissene Tuchstücke

Ein glücklicher Gedanke fuhr mir durch den Kopf. Ein alter Onkel von mir hatte damals am Markte hier eine Ellenwarenhandlung[1], und sein alter Ladendiener war mein guter Freund. „Komm mit mir!", sagte ich kühn;
5 „es soll dir gar nichts kosten, Lisei!"

„Meinst?", fragte sie noch; dann liefen wir beide nach dem Markt und in das Haus des Onkels. Der alte Gabriel stand wie immer in seinem pfeffer- und salzfarbenen Rock hinter dem Ladentisch, und als ich ihm unser
10 Anliegen deutlich gemacht hatte, kramte er gutmütig einen Haufen „Rester" auf den Tisch zusammen.

„Schau, das hübsch Brinnrot[2]!", sagte Lisei und nickte begehrlich nach einem Stückchen französischen Kattuns[3] hinüber.

15 „Kannst es brauchen?", fragte Gabriel. – Ob sie es brauchen konnte! Der Ritter Siegfried sollte ja auf den Abend noch eine neue Weste geschneidert bekommen.

„Aber da gehören auch die Tressen[4] noch dazu", sagte der Alte, und brachte allerlei Endchen Gold- und Silber-
20 flittern. Bald kamen noch grüne und gelbe Seidenläppchen und Bänder, endlich ein ziemlich großes Stück braunen Plüsches[5]. „Nimm's nur, Kind!", sagte Gabriel; „das gibt ein Tierfell für eure Genovefa, wenn das alte vielleicht verschossen wäre!" Dann packte er die ganze
25 Herrlichkeit zusammen und legte sie der Kleinen in den Arm.

„Und es kost't nix?", fragte sie beklommen.

Nein, es kostete nichts. Ihre Augen leuchteten.

„Schön' Dank, guter Mann! Ach, wird der Vater schau-
30 en!" Hand in Hand, Lisei mit ihrem Päckchen unter dem Arm, verließen wir den Laden; als wir aber in die Nähe unserer Wohnung kamen, ließ sie mich los und rannte über die Straße nach der Schneiderherberge, dass ihr die schwarzen Flechten in den Nacken flogen.

---

[1] Stoffgeschäft
[2] brennendes Rot
[3] dünner, bedruckter Baumwollstoff
[4] Zierschnur an Kleidungsstücken
[5] Baumwollgewebe mit langem Flor

– – Nach dem Mittagessen stand ich vor unserer Haustür und erwog unter Herzklopfen das Wagnis, schon heute zur ersten Vorstellung meinen Vater um das Eintrittsgeld anzugehen; ich war ja mit der Galerie[1] zufrieden, und die sollte für uns Jungens nur einen Doppelschilling[2] kosten. 5
Da, bevor ich's noch bei mir ins Reine gebracht hatte, kam das Lisei über die Straße zu mir her geflogen. „Der Vater schickt's!"', sagte sie, und eh' ich mich's versah, war sie wieder fort; aber in meiner Hand hielt ich eine rote Karte, darauf stand mit großen Buchstaben: E r s t e r   P l a t z. 10
Als ich aufblickte, winkte auch von drüben der kleine schwarze Mann mit beiden Armen aus der Bodenluke zu mir herüber. Ich nickte ihm zu; was mussten das für nette Leute sein, diese Puppenspieler! „Also heute Abend", sagte ich zu mir selber; „heute Abend, und – Erster Platz!" 15

*   *   *

– – Du kennst unseren Schützenhof[3] in der Süderstraße; auf der Haustür sah man damals noch einen schön gemalten Schützen, in Lebensgröße, mit Federhut und Büchse[4]; im Übrigen war aber der alte Kasten damals noch baufälliger, als er heute ist. Die Gesellschaft war bis 20 auf drei Mitglieder herabgesunken; die vor Jahrhunderten von den alten Landesherzögen geschenkten silbernen Pokale, Pulverhörner und Ehrenketten waren nach und nach verschleudert; den großen Garten, der, wie du weißt, auf den Bürgersteig hinausläuft, hatte man zur 25 Schaf- und Ziegengräsung verpachtet. Das alte zweistöckige Haus wurde von niemandem weder bewohnt noch gebraucht; windrissig und verfallen stand es da zwischen den munteren Nachbarhäusern; nur in dem öden, weiß gekalkten Saale, der fast das ganze obere 30 Stockwerk einnahm, produzierten mitunter starke Männer oder durchreisende Taschenspieler ihre Künste.

---

[1] billiger Platz im Theater
[2] kleine Münze im heutigen Wert von etwa 5 Cent
[3] Versammlungshaus (s. Foto, S. 84)
[4] Gewehr

Dann wurde unten die große Haustür mit dem gemalten Schützenbruder knarrend aufgeschlossen.

– – Langsam war es Abend geworden; und – das Ende trug die Last, denn mein Vater wollte mich erst fünf
5 Minuten vor dem angesetzten Glockenschlage laufen lassen; er meinte, eine Übung in der Geduld sei sehr vonnöten, damit ich im Theater stille sitze.

Endlich war ich an Ort und Stelle. Die große Tür stand offen, und allerlei Leute wanderten hinein; denn derzeit
10 ging man noch gern zu solchen Vergnügungen; nach Hamburg war eine weite Reise, und nur wenige hatten sich die kleinen Dinge zu Hause durch die dort zu schauenden Herrlichkeiten leid machen können. – Als ich die eichene Wendeltreppe hinaufgestiegen war, fand ich
15 Liseis Mutter am Eingange des Saales an der Kasse sitzen. Ich näherte mich ihr ganz vertraulich und dachte, sie würde mich so recht als einen alten Bekannten begrüßen; aber sie saß stumm und starr und nahm mir meine Karte ab, als wenn ich nicht die geringste Beziehung zu ihrer
20 Familie hätte. – Etwas gedemütigt trat ich in den Saal; der kommenden Dinge harrend, plauderte alles mit halber Stimme durcheinander; dazu fiedelte[1] unser Stadtmusikus mit drei seiner Gesellen. Das Erste, worauf meine Augen fielen, war in der Tiefe des Saales ein roter Vor-
25 hang oberhalb der Musikantenplätze. Die Malerei in der Mitte desselben stellte zwei lange Trompeten vor, die kreuzweise über einer goldenen Leier[2] lagen; und, was mir damals sehr sonderbar erschien, an dem Mundstück einer jeden hing, wie mit den leeren Augen darauf
30 geschoben, hier eine finster, dort eine lachend ausgeprägte Maske. – Die drei vordersten Plätze waren schon besetzt; ich drängte mich in die vierte Bank, wo ich einen Schulkameraden bemerkt hatte, der dort neben seinen Eltern saß. Hinter uns bauten sich die Plätze schräg
35 ansteigend in die Höhe, sodass der letzte, die sogenannte Galerie, welche nur zum Stehen war, sich fast mannshoch

---

[1] Geige spielen
[2] Saiteninstrument (das Theater kann sowohl kriegerische (Trompetenklänge) als auch liebliche Stimmungen (Leier) erzeugen)

über dem Fußboden befinden mochte. Auch dort schien
es wohl gefüllt zu sein; genau vermochte ich es nicht zu
sehen, denn die wenigen Talglichter[1], welche in Blechlampetten[2] an den beiden Seitenwänden brannten, ver-
breiteten nur eine schwache Helligkeit; auch dunkelte
die schwere Balkendecke des Saales. Mein Nachbar wollte mir eine Schulgeschichte erzählen; ich begriff nicht,
wie er an so etwas denken konnte, ich schaute nur auf
den Vorhang, der von den Lampen des Podiums[3] und
der Musikantenpulte feierlich beleuchtet war. Und jetzt
ging ein Wehen über seine Fläche, die geheimnisvolle
Welt hinter ihm begann sich schon zu regen; noch einen
Augenblick, da erscholl das Läuten eines Glöckchens,
und während unter den Zuschauern das summende
Geplauder wie mit einem Schlage verstummte, flog der
Vorhang in die Höhe. – Ein Blick auf die Bühne versetzte
mich um tausend Jahre rückwärts. Ich sah in einen mittelalterlichen Burghof mit Turm und Zugbrücke; zwei
kleine ellenlange Leute standen in der Mitte und redeten
lebhaft miteinander. Der eine mit dem schwarzen Barte,
dem silbernen Federhelm und dem goldgestickten Mantel über dem roten Unterkleide war der Pfalzgraf Siegfried; er wollte gegen die heidnischen Mohren in den
Krieg reiten und befahl seinem jungen Hausmeister
Golo, der in blauem silbergestickten Wamse[4] neben ihm
stand, zum Schutze der Pfalzgräfin Genovefa in der Burg
zurückzubleiben. Der treulose Golo aber tat gewaltig
wild, dass er seinen guten Herrn so allein in das grimme[5]
Schwerterspiel sollte reiten lassen. Sie drehten bei diesen
Wechselreden die Köpfe hin und her und fochten heftig
und ruckweise mit den Armen. – Da tönten kleine lang
gezogene Trompetentöne von draußen hinter der Zugbrücke, und zugleich kam auch die schöne Genovefa in
himmelblauem Schleppkleide hinter dem Turm hervor-

---

[1] Kerzen aus geschmolzenem Tierfett
[2] Gehäuse zum Halten der Talglichter
[3] breite Erhöhung für das Redner- oder Lehrerpult
[4] Männerrock unter der Rüstung
[5] verbissen

gestürzt und schlug beide Arme über des Gemahls Schultern: „O mein herzallerliebster Siegfried, wenn dich die grausamen Heiden nur nicht massakrieren!" Aber es half ihr nichts; noch einmal ertönten die Trompeten, und

5 der Graf schritt steif und würdevoll über die Zugbrücke aus dem Hof; man hörte deutlich draußen den Abzug des gewappneten Trupps. Der böse Golo war jetzt Herr der Burg. –

Und nun spielte das Stück sich weiter, wie es in deinem

10 Lesebuche gedruckt steht. – Ich war auf meiner Bank ganz wie verzaubert; diese seltsamen Bewegungen, diese feinen oder schnarrenden Puppenstimmchen, die denn doch wirklich aus ihrem Munde kamen, – es war ein unheimliches Leben in diesen kleinen Figuren, das

15 gleichwohl meine Augen wie magnetisch auf sich zog. Im zweiten Aufzuge aber sollte es noch besser kommen. – Da war unter den Dienern auf der Burg einer im gelben Nankinganzug[1], der hieß Kasperl[2]. Wenn d i e s e r Bursche nicht lebendig war, so war noch niemals etwas leben-

20 dig gewesen; er machte die ungeheuersten Witze, sodass der ganze Saal vor Lachen bebte; in seiner Nase, die so groß wie eine Wurst war, musste er jedenfalls ein Gelenk haben; denn wenn er so sein dumm-pfiffiges Lachen herausschüttelte, so schlenkerte der Nasenzipfel hin und

25 her, als wenn auch er sich vor Lustigkeit nicht zu lassen wüsste; dabei riss der Kerl seinen großen Mund auf und knackte, wie eine alte Eule, mit den Kinnbacksknochen[3]. „Pardauz[4]!", schrie es; so kam er immer auf die Bühne gesprungen; dann stellte er sich hin und sprach erst bloß

30 mit seinem großen Daumen; den konnte er so ausdrucksvoll hin und wieder drehen, dass es ordentlich ging wie „Hier nix und da nix; kriegst du nix, so hast du nix!" Und

---

[1] Anzug aus gelblichem Baumwollstoff
[2] süddeutsch: Kasper, auch Hans Wurst genannt; beim Publikum beliebte komische Figur, die gern deftig-grobe Ausdrücke verwendet. Im Gegensatz zum wissbegierigen Faust will er nur essen, lachen und faulenzen.
[3] Unterkieferknochen
[4] Ausruf zur Begleitung eines Sturzes

dann sein Schielen; – das war so verführerisch, dass im Augenblick dem ganzen Publikum die Augen verquer im Kopfe standen. Ich war ganz vernarrt in den lieben Kerl! Endlich war das Spiel zu Ende, und ich saß wieder zu Hause in unserer Wohnstube und verzehrte schweigend ₅ das Aufgebratene, das meine gute Mutter mir warm gestellt hatte. Mein Vater saß im Lehnstuhl und rauchte seine Abendpfeife. „Nun, Junge", rief er, „waren sie lebendig?" „Ich weiß nicht, Vater", sagte ich und arbeitete weiter in meiner Schüssel; mir war noch ganz ver- ₁₀ wirrt zu Sinne. Er sah mir eine Weile mit seinem klugen Lächeln zu. „Höre, Paul", sagte er dann, „du darfst nicht zu oft in diesen Puppenkasten; die Dinger könnten dir am Ende in die Schule nachlaufen."

*   *   *

Mein Vater hatte nicht Unrecht. Die Algebra-Aufgaben ₁₅ gerieten mir in den beiden nächsten Tagen so mäßig, dass der Rechenmeister mich von meinem ersten Platz herabzusetzen drohte. – Wenn ich in meinem Kopfe rechnen wollte: „a + b gleich x – c", so hörte ich statt dessen vor meinen Ohren die feine Vogelstimme der schönen Geno- ₂₀ vefa[1]: „Ach, mein herzallerliebster Siegfried, wenn dich die bösen Heiden nur nicht massakrieren!" Einmal – aber es hat niemand gesehen – schrieb ich sogar „x + Genovefa" auf die Tafel. – Des Nachts in meiner Schlafkammer rief es einmal ganz laut „Pardauz" und mit einem Satz ₂₅ kam der liebe Kasperl in seinem Nankinganzug zu mir ins Bett gesprungen, stemmte seine Arme zu beiden Seiten meines Kopfes in das Kissen und rief grinsend auf mich herabnickend: „Ach, du liebs Brüderl, ach, du herztausig liebs Brüderl!" Dabei hackte er mit seiner langen ₃₀ roten Nase in die meine, dass ich davon erwachte. Da sah ich dann freilich, dass es nur ein Traum gewesen war. Ich verschloss das alles in meinem Herzen und wagte zu Hause kaum den Mund aufzutun von der Puppenkomö-

---

[1] vgl. Fußnote [1], S. 13

die. Als aber am nächsten Sonntag der Ausrufer wieder
durch die Straßen ging, an sein Becken schlug und laut
verkündigte: „Heute Abend auf dem Schützenhof: Doktor Faust's[1] Höllenfahrt, Puppenspiel in vier Aufzügen!"
5 – da war es doch nicht länger auszuhalten. Wie die Katze
um den süßen Brei, so schlich ich um meinem Vater
herum und endlich hatte er meinen stummen Blick verstanden. – „Pole", sagte er, „es könnte dir ein Tropfen
Blut vom Herzen gehen; vielleicht ist's die beste Kur,
10 dich einmal gründlich satt zu machen." Damit langte er
in die Westentasche und gab mir einen Doppelschilling.

Ich rannte sofort aus dem Hause; erst auf der Straße
wurde es mir klar, dass ja noch acht lange Stunden bis
zum Anfang der Komödie abzuleben waren. So lief ich
15 denn hinter den Gärten auf den Bürgersteig. Als ich an
den offenen Grasgarten des Schützenhofs gekommen
war, zog es mich unwillkürlich hinein; vielleicht, dass gar
einige Puppen dort oben aus den Fenstern guckten; denn
die Bühne lag ja an der Rückseite des Hauses. Aber ich
20 musste dann erst durch den oberen Teil des Gartens, der
mit Linden- und Kastanienbäumen dicht bestanden war.
Mir wurde etwas zag[2] zumute; ich wagte doch nicht, weiter vorzudringen. Plötzlich erhielt ich von einem großen
hier angepflockten Ziegenbock einen Stoß in den Rücken,
25 dass ich um zwanzig Schritte weiter flog. Das half; als ich
mich umsah, stand ich schon unter den Bäumen.
Es war ein trüber Herbsttag; einzelne gelbe Blätter sanken
schon zur Erde; über mir in der Luft schrien ein paar
Strandvögel, die ans Haff[3] hinausflogen; kein Mensch

---

[1] Die Geschichte von Faust gehört zu den Hauptstücken des Mario-
 nettentheaters. Unzufrieden mit den Ergebnissen seiner wissen-
 schaftlichen Arbeit als Professor verschwört sich Faust der Magie
 und schließt einen Pakt mit dem Teufel, um gegen seine Seele Wissen, Macht und ewige Jugend zu erlangen. Nach erfolgloser Suche
 nach dem Glück kommt Faust verzweifelt in die Hölle (s. Anhang
 S. 105 ff).
[2] angst und bange
[3] niederdeutsch: Wattenmeer, bei Flut durch das Meer bedeckter
 Küstenstreifen

war zu sehen, noch zu hören. Langsam schritt ich durch das Unkraut, das auf den Steigen[1] wucherte, bis ich einen schmalen Steinhof erreicht hatte, der den Garten von dem Hause trennte. – Richtig! Dort oben schauten zwei große Fenster in den Hof herab; aber hinter den kleinen in Blei 5 gefassten Scheiben war es schwarz und leer, keine Puppe war zu sehen. Ich stand eine Weile, mir wurde ganz unheimlich in der mich rings umgebenden Stille.

Da sah ich, wie unten die schwere Hoftür von innen eine Hand breit geöffnet wurde, und zugleich lugte[2] auch ein 10 schwarzes Köpfchen daraus hervor.

„Lisei!", rief ich.

Sie sah mich groß mit ihren dunklen Augen an. „B'hüt' Gott!", sagte sie; „hab i doch nit gewusst, was da außa rum kraxln[3] tat! Wo kommst denn du daher?" 15

„Ich? – Ich geh spazieren, Lisei! – Aber sag mir, spielt ihr denn schon jetzt Komödie?"

Sie schüttelte lachend den Kopf.

„Aber, was machst du denn hier?", fragte ich weiter, indem ich über den Steinhof zu ihr trat. 20

„I wart auf den Vater", sagte sie; „er ist ins Quartier, um Band und Nagel zu holen; er macht's halt firti für heunt Abend."

„Bist du denn ganz allein hier, Lisei?"

– „O nei; du bist ja aa no da!" 25

„Ich meine", sagte ich, „ob nicht deine Mutter oben auf dem Saal ist?"

Nein, die Mutter saß in der Herberge und besserte die Puppenkleider aus; das Lisei war hier ganz allein.

„Hör", begann ich wieder, „du könntest mir einen Gefal- 30 len tun; es ist unter euren Puppen einer, der heißt Kasperl; den möcht ich gar zu gern einmal in der Nähe sehen."

„Den Wurst'l[4] meinst?", sagte Lisei, und schien sich eine Weile zu bedenken. „Nu, es ging scho; aber g'schwind musst sein, eh denn der Vater wieder da ist!" 35

---

[1] schmaler Weg
[2] schaute
[3] hier: herumtoben
[4] süddeutsch: Hans Wurst

Mit diesen Worten waren wir schon ins Haus getreten und liefen eilig die steile Wendeltreppe hinauf. – Es war fast dunkel in dem großen Saale; denn die Fenster, welche sämtlich nach dem Hofe hinaus lagen, waren von
5 der Bühne verdeckt; nur einzelne Lichtstreifen fielen durch die Spalten des Vorhangs.

„Komm!", sagte Lisei und hob seitwärts an der Wand die dort aus einem Teppich bestehende Verkleidung in die Höhe; wir schlüpften hindurch, und da stand ich in dem
10 Wundertempel. – Aber, von der Rückseite betrachtet, und hier in der Tageshelle, sah er ziemlich kläglich aus; ein Gerüst aus Latten und Brettern, worüber einige bunt bekleckste Leinwandstücke hingen: das war der Schauplatz, auf welchem das Leben der heiligen Genovefa[1] so
15 täuschend an mir vorübergegangen war. – Doch, ich hatte mich zu früh beklagt; dort, an einem Eisendrahte, der von einer Kulisse nach der Wand hinübergespannt war, sah ich zwei der wunderbaren Puppen schweben, aber sie hingen mit dem Rücken gegen mich, sodass ich
20 sie nicht erkennen konnte.

„Wo sind die anderen, Lisei?", fragte ich; denn ich hätte gern die ganze Gesellschaft auf einmal mir besehen.

„Hier im Kast'l", sagte Lisei und klopfte mit ihrer kleinen Faust auf eine im Winkel stehende Kiste; „die zwei
25 da sind scho zug'richt; aber geh nur her dazu und schau's dir a; er is scho dabei, dei Freund, der Kasperl!" Und wirklich, er war es selber. „Spielt denn der heute Abend auch wieder mit?", fragte ich.

„Freili, der is allimal dabei!"
30 Mit untergeschlagenen Armen stand ich und betrachtete meinen lieben lustigen Allerweltskerl. Da baumelte er, an sieben Schnüren aufgehenkt; sein Kopf war vorn übergesunken, dass seine großen Augen auf den Fußboden stierten und ihm die rote Nase wie ein breiter Schnabel
35 auf der Brust lag. „Kasperle, Kasperle", sagte ich bei mir selber, „wie hängst du da elendiglich!" Da antwortete es

---

[1] vgl. Fußnote [1] S. 13

ebenso: „Wart nur, lieb's Brüderl, wart nur bis heut
Abend!" – War das auch nur so in meinen Gedanken,
oder hatte Kasperl selbst zu mir gesprochen? –
Ich sah mich um. Das Lisei war fort; sie war wohl vor die
Haustür, um die Rückkehr ihres Vaters zu überwachen. 5
Da hörte ich sie eben noch von dem Ausgang des Saales
rufen: „Dass d'mir aber nit an die Puppen rührst!" – – Ja,
– nun konnte ich es aber doch nicht lassen. Leise stieg ich
auf eine neben mir stehende Bank und begann erst an
der einen, dann an der anderen Schnur zu ziehen; die 10
Kinnladen fingen an zu klappen, die Arme hoben sich,
und jetzt fing auch der wunderbare Daumen an ruckweise hin- und herzuschießen. Die Sache machte gar
keine Schwierigkeit; ich hatte mir die Puppenspielerei
doch kaum so leicht gedacht. – Aber die Arme bewegten 15
sich nur nach vorn und hinten aus; und es war doch
gewiss, dass Kasperle sie in dem neuerlichen Stück auch
seitwärts ausgestreckt, ja dass er sie sogar über dem
Kopfe zusammengeschlagen hatte! Ich zog an allen
Drähten, ich versuchte mit der Hand die Arme abzubie- 20
gen; aber es wollte nicht gelingen. Auf einmal tat es
einen leisen Krach im Innern der Figur. „Halt!", dachte
ich; „Hand vom Brett! Da hättest du können Unheil
anrichten!"
Leise stieg ich wieder von meiner Bank herab, und 25
zugleich hörte ich auch Lisei von außen in den Saal treten. „G'schwind, g'schwind!", rief sie und zog mich
durch das Dunkel an die Wendeltreppe hinaus: „'s is
eigentli nit Recht", fuhr sie fort, „dass i di eilass'n hab;
aber, gel', du hast doch dei Gaudi[1] g'habt!" 30
Ich dachte an den leisen Krach von vorhin. „Ach, es wird
ja nichts gewesen sein!" Mit dieser Selbsttröstung lief ich
die Treppe hinab und durch die Hintertür ins Freie.
So viel stand fest, der Kasper war doch nur eine richtige
Holzpuppe; aber das Lisei – was das für eine allerliebste 35
Sprache führte! Und wie freundlich sie mich gleich zu
den Puppen mit hinaufgenommen hatte! – Freilich, und
sie hatte es ja auch selbst gesagt, dass sie es so heimlich

---

[1] Spaß

Illustration von Carl Offterdingen

vor ihrem Vater getan, das war nicht völlig in der Ordnung. Unlieb – zu meiner Schande muss ich's gestehen – war diese Heimlichkeit mir grade nicht; im Gegenteil, die Sache bekam für mich dadurch noch einen würzigen Beigeschmack, und es muss ein recht selbstgefälliges 5 Lächeln auf meinem Gesicht gestanden haben, als ich durch die Linden- und Kastanienbäume des Gartens wieder nach dem Bürgersteig hinabschlenderte.
Allein zwischen solchen schmeichelnden Gedanken hörte ich von Zeit zu Zeit vor meinem inneren Ohre 10 immer jenen leisen Krach im Körper der Puppe; was ich auch vornahm, den ganzen Tag über konnte ich diesen jetzt aus meiner eigenen Seele herauftönenden unbequemen Laut nicht zum Schweigen bringen.

*   *   *

Es hatte sieben Uhr geschlagen; im Schützenhofe war 15 heute, am Sonntagabend, alles besetzt; ich stand diesmal hinten, fünf Schuh hoch über dem Fußboden, auf dem Doppelschillingplatze. Die Talglichter brannten in den Blechlampetten, der Stadtmusikus und seine Gesellen fiedelten, der Vorhang rollte in die Höhe. 20
Ein hoch gewölbtes gotisches[1] Zimmer zeigte sich. Vor einem aufgeschlagenen Folianten[2] saß im langen schwarzen Talare[3] der Doktor Faust[4] und klagte bitter, dass ihm all seine Gelehrsamkeit so wenig einbringe; keinen heilen Rock habe er mehr am Leibe und vor Schul- 25 den wisse er sich nicht zu lassen; so wolle er denn jetzo mit der Hölle sich verbinden. – „Wer ruft nach mir?", ertönte zu seiner Linken eine furchtbare Stimme von der Wölbung des Gemaches herab. – „Faust, Faust, folge nicht!", kam eine andere feine Stimme von der Rechten. 30 – Aber Faust verschwor sich den höllischen Gewalten. –

---

[1] im Stil der Gotik (= vorherrschende Stilrichtung des Hochmittelalters), hier: feierlich eingerichtet
[2] großes, dickes Buch
[3] weitärmeliges Obergewand, Amtstracht
[4] Hauptfigur im gleichnamigen Puppenspiel (s. Fußnote 1, S. 20)

„Weh, weh deiner armen Seele!" Wie ein seufzender Win-
deshauch klang es von der Stimme des Engels; von der
Linken schallte eine gellende Lache durchs Gemach. – –
Da klopfte es an die Tür. „Verzeihung, Eure Magnifi-
5 zenz[1]!" Fausts Famulus[2] Wagner war eingetreten. Er bat
ihm für die grobe Hausarbeit die Annahme eines Gehilfen zu gestatten, damit er sich besser aufs Studieren
legen könne. „Es hat sich", sagte er, „ein junger Mann bei
mir gemeldet, welcher Kasperl heißt und gar fürtreffli-
10 che[3] Qualitäten zu besitzen scheint." – Faust nickte gnä-
dig mit dem Kopfe und sagte: „Sehr wohl, lieber Wagner,
diese Bitte sei Euch gewährt." Dann gingen beide miteinander fort. – – „Pardauz!", rief es; und da war er. Mit
einem Satz kam er auf die Bühne gesprungen, dass ihm
15 das Felleisen[4] auf dem Buckel hüpfte.
– – „Gott sei gelobt!", dachte ich; „er ist noch ganz
gesund; er springt noch ebenso wie vorigen Sonntag in
der Burg der schönen Genovefa!" Und seltsam, so sehr
ich ihn am Vormittage in meinen Gedanken nur für eine
20 schmähliche Holzpuppe erklärt hatte, – mit seinem
ersten Worte war der ganze Zauber wieder da.
Emsig spazierte er im Zimmer auf und ab. „Wenn mich
jetzt mein Vater-Papa sehen tät", rief er, „der würd sich
was Rechts freuen! Immer pflegt' er zu sagen: Kasperl,
25 mach, dass du dein' Sach' in Schwung bringst! – O jetzt
und hab ich's in Schwung; denn ich kann mein' Sach'
haushoch werfen!" – Damit machte er Miene, sein Felleisen in die Höhe zu schleudern; und es flog auch wirklich, da es am Draht gezogen wurde, bis an die Decken-
30 wölbung hinauf; aber – Kasperles Arme waren an seinem Leibe kleben geblieben; es ruckte und ruckte, aber
sie kamen um keine Hand breit in die Höhe.
Kasperl sprach und tat nicht weiter. – Hinter der Bühne
entstand eine Unruhe, man hörte leise aber heftig spre-

---

[1] Anrede für den Hochschulrektor
[2] Assistent eines Hochschulprofessors
[3] vortrefflich
[4] Reisesack der wandernden Handwerksburschen (von frz. „valise"
     = Koffer)

chen, der Fortgang des Stückes war augenscheinlich unterbrochen.

Mir stand das Herz still; da hatten wir die Bescherung! Ich wäre gern fortgelaufen, aber ich schämte mich. Und wenn gar dem Lisei meinetwegen etwas geschähe! 5

Da begann Kasperl auf der Bühne plötzlich ein klägliches Geheul, wobei ihm Kopf und Arme schlaff herunterhingen, und der Famulus Wagner erschien wieder und fragte ihn, warum er denn so lamentiere[1].

„Ach, mei Zahnerl, mei Zahnerl!", schrie Kasperl. 10

„Guter Freund", sagte Wagner, „so lass Er sich einmal in das Maul sehen!" – Als er ihn hierauf bei der großen Nase packte und ihm zwischen die Kinnladen[2] hineinschaute, trat auch der Doktor Faust wieder in das Zimmer. – „Verzeihen Eure Magnifizenz", sagte Wagner, „ich werde diesen jungen Mann in meinem Dienst nicht gebrauchen 15 können; er muss sofort in das Lazarett[3] geschafft werden!"

„Is das a Wirtshaus?", fragte Kasperle.

„Nein, guter Freund", erwiderte Wagner, „das ist ein Schlachthaus. Man wird Ihm dort einen Weisheitszahn 20 aus der Haut schneiden, und dann wird Er seiner Schmerzen ledig sein."

„Ach, du lieb's Herrgottl", jammerte Kasperl, „muss mi arm's Viecherl so ein Unglück treffen! Ein Weisheitszahnerl, sagt Ihr, Herr Famulus? Das hat noch keiner in der 25 Famili gehabt! Da geht's wohl auch mit meiner Kasperlschaft zu End?"

„Allerdings, mein Freund", sagte Wagner; „eines Dieners mit Weisheitszähnen bin ich bass entraten[4]; die Dinger sind nur für uns gelehrte Leute. Aber Er hat ja 30 noch einen Bruderssohn, der sich auch bei mir zum Dienst gemeldet hat. Vielleicht", und er wandte sich gegen den Doktor Faust, „erlauben Eure Magnifizenz!"

---

[1] sich beklagen
[2] Kinnlade: Unterkiefer
[3] Militärkrankenhaus
[4] Auf einen Diener mit Weisheitszähnen verzichte ich lieber.

Der Doktor Faust machte eine würdige Drehung mit dem Kopfe.

„Tut, was Euch beliebt, mein lieber Wagner", sagte er; „aber stört mich nicht weiter mit Euren Lappalien[1] in
5 meinem Studium der Magie!"

– – „Heere, mei Gutester[2]", sagte ein Schneidergesell, der vor mir auf der Brüstung lehnte, zu seinem Nachbarn, „das geheert ja nicht zum Stück; ich kenn's, ich hab es vor ä Weilchen erst in Seifersdorf gesehn." – Der andere
10 aber sagte nur: „Halt's Maul, Leipziger!", und gab ihm einen Rippenstoß.

– – Auf der Bühne war indessen Kasperle, der zweite, aufgetreten. Er hatte eine unverkennbare Ähnlichkeit mit seinem kranken Onkel, auch sprach er ganz genau
15 wie dieser; nur fehlte ihm der bewegliche Daumen, und in seiner großen Nase schien er kein Gelenk zu haben.

Mir war ein Stein vom Herzen gefallen, als das Stück nun ruhig weiter spielte, und bald hatte ich alles um mich her vergessen. Der teuflische Mephistopheles[3]
20 erschien in seinem feuerfarbenen Mantel, das Hörnchen vor der Stirn, und Faust unterzeichnete mit seinem Blute den höllischen Vertrag:

„Vierundzwanzig Jahre sollst du mir dienen; dann will ich dein sein mit Leib und Seele."
25 Hierauf fuhren beide in des Teufels Zaubermantel durch die Luft davon. Für Kasperle kam eine ungeheure Kröte mit Fledermausflügeln aus der Luft herab. „Auf dem höllischen Sperling soll ich nach Parma reiten?", rief er, und als das Ding wackelnd mit dem Kopfe nickte, stieg
30 er auf und flog den beiden nach.

– – Ich hatte mich ganz hinten an die Wand gestellt, wo ich besser über alle die Köpfe vor mir hinwegsehen konnte. Und jetzt rollte der Vorhang zum letzten Aufzug in die Höhe. Endlich ist die Frist verstrichen. Faust und

---

[1] Lappalie: lächerliche Angelegenheit
[2] sächsisch: Höre, mein Bester!
[3] Diener des Teufels

Kasper sind beide wieder in ihrer Vaterstadt. Kasper ist Nachtwächter geworden; er geht durch die dunklen Straßen und ruft die Stunden ab:

> „Hört ihr Herr'n und lasst euch sagen,
> Meine Frau hat mich geschlagen;
> Hüt't euch vor dem Weiberrock!
> Zwölf ist der Klock! Zwölf ist der Klock!"[1]

Von fern hört man eine Glocke Mitternacht schlagen. Da wankt Faust auf die Bühne; er versucht zu beten; aber nur Heulen und Zähneklappern tönt aus seinem Halse. Von oben ruft eine Donnerstimme:
„Fauste, Fauste, in aeternum damnatus es!"[2]
Eben fuhren in Feuerregen drei schwarzhaarige Teufel herab, um sich des Armen zu bemächtigen, da fühlte ich eins der Bretter zu meinen Füßen sich verschieben. Als ich mich bückte, um es zurechtzubringen, glaubte ich aus dem dunklen Raume unter mir ein Geräusch zu hören; ich horchte näher hin; es klang wie das Schluchzen einer Kinderstimme. – „Lisei!", dachte ich; „wenn es Lisei wäre!" Wie ein Stein fiel meine ganze Untat mir wieder aufs Gewissen; was kümmerte mich jetzt der Doktor Faust und seine Höllenfahrt!"
Unter heftigem Herzklopfen drängte ich mich durch die Zuschauer und ließ mich seitwärts an dem Brettergerüst herabgleiten. Rasch schlüpfte ich in den darunter befindlichen Raum, in welchem ich an der Wand entlang ganz aufrecht gehen konnte; aber es war fast dunkel, sodass ich mich an den überall untergestellten Latten und Balken stieß. „Lisei!", rief ich. Das Schluchzen, das ich eben noch gehört hatte, wurde plötzlich still; aber dort in dem tiefsten Winkel sah ich etwas sich bewegen. Ich tastete mich weiter bis an das Ende des Raumes, und – da saß sie, zusammengekauert, das Köpfchen in den Schoß

---

[1] Es ist 12 Uhr!
[2] Faust, Faust! Du bist auf ewig verdammt! (Übersetzung Storms)

gedrückt. Ich zupfte sie am Kleide. „Lisei!", sagte ich leise, „bist du es? Was machst du hier?"
Sie antwortete nicht, sondern begann wieder vor sich hin zu schluchzen.

5 „Lisei!", fragte ich wieder; „was fehlt dir? So sprich doch nur ein einziges Wort!"
Sie hob den Kopf ein wenig. „Was soll i da red'n!", sagte sie; „du weißt's ja von selber, dass du den Wurstl hast verdreht."

10 „Ja, Lisei!", antwortete ich kleinlaut; „ich glaub es selber, dass ich das getan habe."
– „Ja, du! – Und i hab dir's doch g'sagt!"
„Lisei, was soll ich tun?"
– „Nu, halt nix!"

15 „Aber was soll denn daraus werden?"
– „Nu, halt aa nix!" Sie begann wieder laut zu weinen. „Aber i, – wenn i z' Haus komm – da krieg i die Peitsch'n!"
„Du die Peitsche, Lisei!" – Ich fühlte mich ganz vernich-

20 tet. „Aber ist dein Vater denn so strenge?"
„Ach, mei gut's Vaterl!", schluchzte Lisei.
Also die Mutter! O wie ich, außer mir selber, diese Frau hasste, die immer mit ihrem Holzgesichte an der Kasse saß! Von der Bühne hörte ich Kasperl, den zweiten, rufen:

25 „Das Stück ist aus! Komm Gret'l[1], lass uns Kehraus tanzen[2]!" Und in demselben Augenblicke begann auch über unsern Köpfen das Scharren und Trappeln[3] mit den Füßen, und bald polterte alles von den Bänken herunter und drängte sich dem Ausgange zu; zuletzt kam der

30 Stadtmusikus mit seinen Gesellen, wie ich aus den Tönen des Brummbasses hörte, mit dem sie beim Fortgehen an den Wänden anstießen. Dann allmählich wurde es still, nur hinten auf der Bühne hörte man noch die Tendler'schen Eheleute miteinander reden und wirtschaften.

35 Nach einer Weile kamen auch sie in den Zuschauerraum; sie schienen erst an den Musikantenpulten, dann an den

---

[1] süddeutsch für Margarete, Freundin von Faust
[2] den letzten Tanz des Abends tanzen
[3] laut und anhaltend trampeln

Wänden die Lichter auszuputzen[1]; denn es wurde allmählich immer finsterer.

„Wenn i nur wüsst, wo die Lisei abblieben ist!", hörte ich
Herrn Tendler zu seiner an der gegenüberliegenden
Wand beschäftigten Frau hinüberrufen.

„Wo sollt' sie sein!", rief diese wieder; „'s ist 'n störrig[2]
Ding; ins Quartier wird sie gelaufen sein!"

„Frau", antwortete der Mann, „du bist auch zu wüst[3]
mit dem Kind gewesen; sie hat doch halt so a weich's
Gemüt!" „Ei was", rief die Frau; „ihr Straf muss sie
hab'n; sie weiß recht gut, dass die schöne Marionett
noch von mei'm Vater selig[4] ist! Du wirst sie nit wieder
kurieren, und der zweit' Kasper ist doch halt nur ein
Notknecht[5]!"

Die lauten Wechselreden hallten in dem leeren Saale
wider. Ich hatte mich neben Lisei hingekauert; wir hatten
uns bei den Händen gefasst und saßen mäuschenstille.

„G'schieht mir aber schon recht", begann wieder die
Frau, die eben grade über unseren Köpfen stand, „warum
hab ich's gelitten, dass du das gotteslästerlich' Stück
heute wieder aufgeführt hast! Mein Vater selig hat's
nimmer wollen in seinen letzten Jahren!"

„Nu, nu, Resel[6]!", rief Herr Tendler von der anderen
Wand, „dein Vater war ein b'sondrer Mann. Das Stück
gibt doch allfort[7] eine gute Kassa[8]; und ich mein, es ist
doch auch a Lehr' und Beispiel für die vielen Gottlosen in
der Welt!" „Ist aber bei uns zum letzten Mal heut geb'n.
Und nu red mir nit mehr davon!", erwiderte die Frau.

Herr Tendler schwieg. – Es schien jetzt nur noch ein
Licht zu brennen, und die beiden Eheleute näherten sich
dem Ausgange.

---

[1] Lichter ausmachen und den Docht zurechtschneiden
[2] süddeutsch: trotzig
[3] wild
[4] Gemeint ist Geißelbrecht, Liseis Großvater mütterlicherseits.
[5] Ersatzpuppe
[6] süddeutsch: Koseform zu Therese
[7] süddeutsch: immer
[8] Kasse; das Stück bringt viel Geld ein.

„Lisei!", flüsterte ich, „wir werden eingeschlossen."
„Lass!", sagte sie, „i kann nit; ich geh nit furt!"
„Dann bleib ich auch!"
– „Aber dei Vater und Mutter!"
5 „Ich bleib doch bei dir!"
Jetzt wurde die Tür des Saales zugeschlagen; dann
ging's die Treppe hinab und dann hörten wir, wie draußen auf der Straße die große Haustür abgeschlossen
wurde.
10 Da saßen wir denn. Wohl eine Viertelstunde saßen wir
so, ohne auch nur ein Wort miteinander zu reden. Zum
Glück fiel mir ein, dass sich noch zwei Heißewecken[1] in
meiner Tasche befanden, die ich für einen meiner Mutter
abgebettelten Schilling auf dem Herwege gekauft und
15 über all dem Schauen ganz vergessen hatte. Ich steckte
Lisei den einen in ihre kleinen Hände; sie nahm ihn
schweigend, als verstehe es sich von selbst, dass ich das
Abendbrot besorge, und wir schmausten[2] eine Weile.
Dann war auch das zu Ende. – Ich stand auf und sagte:
20 „Lass uns hinter die Bühne gehen; da wird's heller sein;
ich glaub, der Mond scheint draußen!" Und Lisei ließ
sich geduldig durch die kreuz und quer stehenden Latten von mir in den Saal hinausleiten.
Als wir hinter der Verkleidung in den Bühnenraum
25 geschlüpft waren, schien dort vom Garten her das helle
Mondlicht in die Fenster.
An dem Drahtseil, an dem am Vormittag nur die beiden
Puppen gehangen hatten, sah ich jetzt alle, die vorhin im
Stücke aufgetreten waren. Da hing der Doktor Faust mit
30 seinem scharfen blassen Gesicht, der gehörnte Mephistopheles, die drei kleinen schwarzhaarigen Teufelchen, und
dort neben der geflügelten Kröte waren auch die beiden
Kasperls. Ganz stille hingen sie da in der bleichen Mond-
scheinbeleuchtung; fast wie Verstorbene kamen sie mir
35 vor. Der Hauptkasperl hatte zum Glück wieder seinen
breiten Nasenschnabel auf der Brust liegen, sonst hätte
ich geglaubt, dass seine Blicke mich verfolgen müssten.

---

[1] Hefegebäck
[2] mit Genuss essen

Nachdem Lisei und ich eine Weile, nicht wissend, was
wir beginnen sollten, an dem Theatergerüste umherge-
standen und geklettert waren, lehnten wir uns nebenein-
ander auf die Fensterbank. – Es war Unwetter geworden; am Himmel, gegen den Mond stieg eine Wolken- 5
bank empor; drunten im Garten konnte man die Blätter
zu Haufen von den Bäumen wehen sehen.
„Guck", sagte Lisei nachdenklich, „wie's da ausi
g'schwomma kimmt! Da kann mei alte gute Bas'[1] nit
mehr vom Himm'l abi schaun." 10
„Was für eine alte Bas', Lisei?", fragte ich.
– „Nu, wo i g'west bin, bis sie halt g'storb'n ist."
Dann blickten wir wieder in die Nacht hinaus. – Als der
Wind gegen das Haus und auf die kleinen undichten Fensterscheiben stieß, fing hinter mir an dem Drahtseil die 15
stille Gesellschaft mit ihren hölzernen Gliedern an zu klap-
pern. Ich drehte mich unwillkürlich um und sah nun, wie
sie, vom Zugwind bewegt, mit den Köpfen wackelten und
die steifen Arm' und Beine durcheinanderregten. Als aber
plötzlich der kranke Kasperl seinen Kopf zurückschlug 20
und mich mit seinen weißen Augen anstierte, da dachte
ich, es sei doch besser, ein wenig an die Seite zu gehen.
Unweit vom Fenster, aber so, dass die Kulissen dort vor
dem Anblick dieser schwebenden Tänzer schützen
mussten, stand die große Kiste; sie war offen; ein paar 25
wollene Decken, vermutlich zum Verpacken der Puppen
bestimmt, lagen nachlässig darüberhin geworfen.
Als ich mich eben dorthin begeben hatte, hörte ich Lisei
vom Fenster her so recht aus Herzensgrunde gähnen.
„Bist du müde, Lisei?", fragte ich. 30
„O, nei", erwiderte sie, indem sie ihre Ärmchen fest
zusammenschränkte; „aber i frier' halt!"
Und wirklich, es war kalt geworden in dem großen leeren Raume, auch mich fror. „Komm hierher!", sagte ich,
„wir wollen uns in die Decken wickeln." 35
Gleich darauf stand Lisei bei mir und ließ sich geduldig
von mir in die eine Decke wickeln; sie sah aus wie eine
Schmetterlingspuppe, nur dass oben noch das allerliebs-

---

[1] Cousine, hier: Tante (Schwester des Vaters)

te Gesichtchen herausguckte. „Weißt", sagte sie, und sah mich mit zwei großen müden Augen an, „i steig' ins Kistl, da hält's warm!"

Das leuchtete auch mir ein; im Verhältnis zu der wüsten
5 Umgebung winkte hier sogar ein traulicher Raum, fast wie ein dichtes Stübchen. Und bald saßen wir armen törichten Kinder wohl verpackt und dicht aneinandergeschmiegt in der hohen Kiste. Mit Rücken und Füßen hatten wir uns gegen die Seitenwände gestemmt; in der
10 Ferne hörten wir die schwere Saaltür in den Falzen[1] klappen; wir aber saßen ganz sicher und behaglich.

„Friert dich noch, Lisei?", fragte ich.

„Ka Bisserl!"

Sie hatte ihr Köpfchen auf meine Schulter sinken lassen;
15 ihre Augen waren schon geschlossen. „Was wird mei gut's Vaterl – – –" lallte sie noch; dann hörte ich an ihren gleichmäßigen Atemzügen, dass sie eingeschlafen war.

Ich konnte von meinem Platze aus durch die oberen Scheiben des einen Fensters sehen. Der Mond war aus
20 seiner Wolkenhülle wieder hervorgeschwommen, in der er eine Zeit lang verborgen gewesen war; die alte Bas'[2] konnte jetzt wieder vom Himmel herunterschauen, und ich denke wohl, sie hat's recht gern getan. Ein Streifen Mondlicht fiel auf das Gesichtchen, das nahe an dem mei-
25 nen ruhte; die schwarzen Augenwimpern lagen wie seidene Fransen auf den Wangen, der kleine rote Mund atmete leise, nur mitunter zuckte noch ein kurzes Schluchzen aus der Brust herauf; aber auch das verschwand; die alte Bas' schaute gar so mild vom Himmel. – Ich wagte
30 mich nicht zu rühren. „Wie schön müsste es sein", dachte ich, „wenn das Lisei deine Schwester wäre, wenn sie dann immer bei dir bleiben könnte!" Denn ich hatte keine Geschwister, und wenn ich auch nach Brüdern kein Verlangen trug, so hatte ich mir doch oft das Leben mit einer
35 Schwester in meinen Gedanken ausgemalt und konnte es nie begreifen, wenn meine Kameraden mit denen, die sie wirklich besaßen, in Zank und Schlägerei gerieten.

---

[1] Einschnitt im Rahmen zum Abdichten von Türen und Fenstern
[2] Cousine, hier: Tante (Schwester des Vaters)

Ich muss über solchen Gedanken doch wohl eingeschlafen sein; denn ich weiß noch, wie mir allerlei wildes Zeug geträumt hat. Mir war, als säße ich mitten in dem Zuschauerraum; die Lichter an den Wänden brannten, aber niemand außer mir saß auf den leeren Bänken. Über meinem Kopfe, unter der Balkendecke des Saales, ritt Kasperl auf dem höllischen Sperling in der Luft herum und rief ein Mal übers andere: „Schlimm's Brüderl! Schlimm's Brüderl!" oder auch mit kläglicher Stimme: „Mein Arm! Mein Arm!" Da wurde ich von einem Lachen aufgeweckt, das über meinem Kopfe erschallte; vielleicht auch von dem Lichtschein, der mir plötzlich in die Augen fiel. „Nun seh mir einer dieses Vogelnest!", hörte ich die Stimme meines Vaters sagen, und dann etwas barscher[1]: „Steig heraus, Junge!" Das war der Ton, der mich stets mechanisch in die Höhe trieb. Ich riss die Augen auf und sah meinen Vater und das Tendler'sche Ehepaar an unserer Kiste stehen; Herr Tendler trug eine brennende Laterne in der Hand. Meine Anstrengung, mich zu erheben, wurde indessen durch Lisei vereitelt, die, noch immer fortschlafend, mit ihrer ganzen kleinen Last mir auf die Brust gesunken war. Als sich aber jetzt zwei knochige Arme ausstreckten, um sie aus der Kiste herauszuheben, und ich das Holzgesicht der Frau Tendler sich auf uns niederbeugen sah, da schlug ich die Arme so ungestüm um meine kleine Freundin, dass ich dabei der guten Frau fast ihren alten italienischen Strohhut vom Kopfe gerissen hätte.

„Nu, nu, Bub!", rief sie und trat einen Schritt zurück; ich aber, aus unserer Kiste heraus, erzählte mit geflügelten Worten und ohne mich dabei zu schonen, was am Vormittag geschehen war.

„Also, Madame Tendler", sagte mein Vater, als ich mit meinem Bericht zu Ende war, und machte zugleich eine sehr verständliche Handbewegung, „da könnten Sie es mir ja wohl überlassen, dieses Geschäft allein mit meinem Jungen abzumachen."

---

[1] grob, unfreundlich

„Ach ja, ach ja!", rief ich eifrig, als wenn mir soeben der
angenehmste Zeitvertreib verheißen wäre.

Lisei war indessen auch erwacht und von ihrem Vater
auf den Arm genommen worden. Ich sah, wie sie die
5 Arme um seinen Hals schlang und ihm bald eifrig ins
Ohr flüsterte, bald ihm zärtlich in die Augen sah oder
wie beteuernd mit dem Köpfchen nickte. Gleich darauf
ergriff auch der Puppenspieler die Hand meines Vaters.
„Lieber Herr", sagte er, „die Kinder bitten füreinander.
10 Mutter, du bist ja auch nit gar so schlimm! Lassen wir es
diesmal halt dabei!"

Madame Tendler sah indes noch immer unbeweglich
aus ihrem großen Strohhute. „Du magst selb' schauen,
wie du ohne den Kasperl fertig wirst!", sagte sie mit
15 einem strengen Blick auf ihren Mann.

In dem Antlitz meines Vaters sah ich ein gewisses lusti-
ges Augenzwinkern, das mir Hoffnung machte, es
werde das Unwetter diesmal so an mir vorüberziehen;
und als er jetzt sogar versprach, am anderen Tage seine
20 Kunst zur Herstellung des Invaliden[1] aufzubieten, und
dabei Madame Tendlers italienischer Strohhut in die
holdseligste[2] Bewegung geriet, da war ich sicher, dass
wir beiderseits im Trocknen waren.

Bald marschierten wir unten durch die dunklen Gassen,
25 Herr Tendler mit der Laterne voran, wir Kinder Hand in
Hand den Alten nach. – Dann: „Gut' Nacht, Paul! Ach
will i schlaf'n!" Und weg war das Lisei; ich hatte gar
nicht gemerkt, dass wir schon bei unseren Wohnungen
angekommen waren.

*　　*　　*

30 Am anderen Vormittage, als ich aus der Schule gekommen war, traf ich Herrn Tendler mit seinem Töchterchen
schon in unserer Werkstatt. „Nun, Herr Kollege", sagte
mein Vater, der eben das Innere der Puppe untersuchte,

---

[1] durch Verletzung behinderter Mensch
[2] reizend, überirdisch schön

„das sollte denn doch schlimm zugehen, wenn wir zwei Mechanici[1] den Burschen hier nicht wieder auf die Beine brächten!"

„Gel', Vater", rief das Lisei, „da werd' aa die Mutter nit mehr brummin[2]." 5

Herr Tendler strich zärtlich über das schwarze Haar des Kindes; dann wendete er sich zu meinem Vater, der ihm die Art der beabsichtigten Reparatur auseinandersetzte.

„Ach, lieber Herr", sagte er, „ich bin kein Mechanikus, den Titel hab' ich nur so mit den Puppen überkommen; ich bin 10 eigentlich meines Zeichens ein Holzschnitzer aus Berchtesgaden. Aber mein Schwiegervater selig – Sie haben gewiss von ihm gehört – das war halt einer, und mein Reserl[3] hat noch allweg[4] ihr klein's Gaudi, dass sie die Tochter vom berühmten Puppenspieler Geiselbrecht[5] ist. 15 Der hat auch die Mechanik in dem Kasperl da g'macht; ich hab' ihm derzeit nur's G'sichtl ausgeschnitten."

„Ei nun, Herr Tendler", erwiderte mein Vater, „das ist ja auch schon eine Kunst. Und dann – sagt mir nur, wie war's denn möglich, dass Ihr Euch gleich zu helfen wuss- 20 tet, als die Schandtat meines Jungen da so mitten in dem Stück zum Vorschein kam?"

Das Gespräch begann mir etwas unbehaglich zu werden; in Herrn Tendler's gutmütigem Angesichte aber leuchtete plötzlich die ganze Schelmerei des Puppen- 25 spielers. „Ja, lieber Herr", sagte er, „da hat man halt für solche Fäll' sein Gspaßerl[6] in den Taschen! Auch ist da noch so ein Bruderssöhnerl, ein Wurstl Nummer Zwei, der grad 'ne solche Stimm' hat, wie dieser da!"

Ich hatte indessen die Lisei am Kleid gezupft und war 30 glücklich mit ihr nach unserem Garten entkommen. Hier unter der Linde saßen wir, die auch über uns beide jetzt

---

[1] Puppenspieler
[2] mürrisch sein, schmollen
[3] süddeutsch: Koseform zu Therese
[4] süddeutsch: immer
[5] Der berühmte Georg Geißelbrecht (geb. 1776 in Hanau/Hessen, gest. 1826?) führte 1817 in Husum die Puppenspiele *Doktor Faust* und *Siegfried und Genovefa* auf.
[6] Spaß

ihr grünes Dach ausbreitet; nur blühten damals nicht mehr die roten Nelken auf den Beeten dort; aber ich weiß noch wohl, es war ein sonniger Septembernachmittag. Meine Mutter kam aus ihrer Küche und begann ein Gespräch mit dem Puppenspielerkinde; sie hatte denn doch auch so ihre kleine Neugierde.

Wie es denn heiße, fragte sie, und ob es denn schon immer so von Stadt zu Stadt gefahren sei? – – Ja, Lisei heiße es – ich hatte das meiner Mutter auch schon oft genug gesagt – aber dies sei seine erste Reis'; drum könne es auch das Hochdeutsch noch nit so völlig firti krieg'n. – – Ob es denn auch zur Schule gegangen sei? – – Freili; es sei scho zur Schul gang'n; aber das Nähen und Stricken habe es von seiner alten Bas' gelernt; die habe auch so a Gärtl g'habt, da drin hätten sie zusammen auf dem Bänkerl gesessen; nun lerne es bei der Mutter, aber die sei gar streng!

Meine Mutter nickte beifällig. – Wie lange ihre Eltern denn wohl hier verweilen würden, fragte sie das Lisei wieder. – – Ja, das wüsst es nit, das käme auf die Mutter an; doch pflegten sie so ein vier Wochen am Ort zu bleiben. – – Ja, ob's denn auch ein warmes Mäntelchen für die Weiterreise habe? Denn so im Oktober würde es schon kalt auf dem offenen Wägelchen. – – Nun, meinte Lisei, ein Mäntelchen habe sie schon, aber ein dünnes sei es nur; es hab sie auch schon darin gefroren auf der Herreis'. Und jetzt befand sich meine gute Mutter auf dem Fleck, wonach ich sie schon lange hatte zusteuern sehen. „Hör, kleine Lisei", sagte sie, „ich habe einen braven Mantel in meinem Schranke hängen, noch von den Zeiten her, da ich ein schlankes Mädchen war; ich bin aber jetzt herausgewachsen und habe keine Tochter, für die ich ihn noch zurechtschneidern könnte. Komm nur morgen wieder Liesei, da steckt ein warmes Mäntelchen für dich darin."

Lisei wurde rot vor Freude und hatte im Umsehen meiner Mutter die Hand geküsst, worüber diese ganz verlegen[1] wurde; denn du weißt, hierzulande verstehen wir

---

[1] Der Handkuss ist in Norddeutschland unüblich und verwirrt die Mutter.

uns schlecht auf solche Narreteien[1]! – Zum Glück kamen
jetzt die beiden Männer aus der Werkstatt. „Für diesmal
gerettet", rief mein Vater; „aber!" – – Der warnend gegen
mich geschüttelte Finger war das Ende meiner Buße.
Fröhlich lief ich ins Haus und holte auf Geheiß[2] meiner
Mutter deren großes Umschlagtuch; denn, um den kaum
Genesenen vor dem zwar wohlgemeinten, aber immer-
hin unbequemen Zujauchzen der Gassenjugend zu
bewahren, das ihn auf seinem Herwege begleitet hatte,
wurde der Kasperl jetzt sorgsam eingehüllt; dann nahm
Lisei ihn auf den Arm, Herr Tendler das Lisei an der
Hand und so, unter Dankesversicherungen, zogen sie
vergnügt die Straße nach dem Schützenhof hinab.

*   *   *

Und nun begann eine Zeit des schönsten Kinderglückes.
– Nicht nur am anderen Vormittage, sondern auch an den
folgenden Tagen kam das Lisei; denn sie hatte nicht abge-
lassen, bis ihr gestattet worden, auch selbst an ihrem
neuen Mäntelchen zu nähen. Zwar war's wohl mehr nur
eine Scheinarbeit, die meine Mutter in ihre kleinen
Hände legte; aber sie meinte doch, das Kind müsste recht
ordentlich angehalten sein. Ein paarmal setzte ich mich
daneben und las aus einem Bande von Weißens Kinderfreunde[3] vor, den mein Vater einmal auf einer Auktion[4]
für mich gekauft hatte, zum Entzücken Liseis, der solche
Unterhaltungsbücher noch unbekannt waren. „Das is'
g'schickt!" oder „Ei du, was geit's[5] für Sachan auf der
Welt!" Dergleichen Worte rief sie oft dazwischen und
legte die Hände mit ihrer Näharbeit in den Schoß. Mitunter sah sie mich auch von unten mit ganz klugen

---

[1] Narrheit
[2] auf Befehl
[3] Anspielung auf die aufklärerische Zeitschrift von Christian Felix
    Weiße (1726-1804) *Der Kinderfreund*, die Wissen und bürgerliche
    Erziehungsprinzipien (24 Bände) vermittelte.
[4] Versteigerung
[5] Was gibt es?

Augen an und sagte: „Ja, wenn's Geschichtl nur nit der-
log'n[1] is!" – Mir ist's als hörte ich es noch heute."

– – Der Erzähler schwieg und in seinem schönen männlichen Antlitz sah ich einen Ausdruck stillen Glückes, als
5 sei das alles, was er mir erzählte, zwar vergangen, aber
keineswegs verloren. Nach einer Weile begann er wieder.
„Meine Schularbeiten machte ich niemals besser als in
jener Zeit; denn ich fühlte wohl, dass das Auge meines
Vaters mich strenger als je überwachte und dass ich mir
10 den Verkehr mit den Puppenspielerleuten nur um den
Preis eines strengen Fleißes erhalten könne. „Es sind
reputierliche[2] Leute, die Tendlers", hörte ich einmal meinen Vater sagen; „der Schneiderwirt drüben hat ihnen
auch heute ein ordentliches Stübchen eingeräumt; sie
15 zahlen jeden Morgen ihre Zeche; nur, meinte der Alte, sei
es leider blitzwenig[3], was sie draufgehen ließen. – Und
das", setzte mein Vater hinzu, „gefällt mir besser als dem
Herbergsvater; sie mögen an den Notpfennig denken,
was sonst nicht die Art solcher Leute ist." – – Wie gern
20 hörte ich meine Freunde loben! Denn das waren sie jetzt
alle; sogar Madame Tendler nickte ganz vertraulich aus
ihrem Strohhute, wenn ich – keiner Einlasskarte mehr
bedürftig – abends an ihrer Kasse vorbei in den Saal
schlüpfte. – Und wie rannte ich jetzt vormittags aus der
25 Schule! Ich wusste wohl, zu Hause traf ich das Lisei entweder bei meiner Mutter in der Küche, wo sie allerlei
kleine Dienste für sie zu verrichten wusste, oder es saß
auf der Bank im Garten, mit einem Buche oder mit einer
Näharbeit in der Hand. Und bald wusste ich sie auch in
30 meinem Dienste zu beschäftigen; denn nachdem ich mich
genügend in den inneren Zusammenhang der Sache eingeweiht glaubte, beabsichtigte ich nichts Geringeres, als
nun auch meinerseits ein Marionetten-Theater einzurichten. Vorläufig begann ich mit dem Ausschnitzen der Pup-
35 pen, wobei Herr Tendler, nicht ohne eine gutmütige
Schelmerei in seinen kleinen Augen, mir in der Wahl des

---

[1] erfunden
[2] ehrlich, angesehen
[3] sehr wenig

Holzes und der Schnitzmesser mit Rat und Hilfe zur
Hand ging; und bald ragte auch in der Tat eine mächtige
Kasperl-Nase aus dem Holzblöckchen in die Welt. Da
aber andererseits der Nankinganzug des „Wurstl" mir zu
wenig interessant erschien, so musste indessen das Lisei   5
aus „Fetzeln", die wiederum der alte Gabriel hatte herge-
ben müssen, gold- und silberbesetzte Mäntel und Wäm-
ser[1] für Gott weiß welche andere künftige Puppen anfer-
tigen. Mitunter trat auch der alte Heinrich mit seiner
kurzen Pfeife aus der Werkstatt zu uns, ein Geselle mei-   10
nes Vaters, der, so lang ich denken konnte, zur Familie
gehörte; er nahm mir dann wohl das Messer aus der
Hand und gab durch ein paar Schnitte dem Dinge hie und
da den rechten Schick. Aber schon wollte meine Fantasie
selbst der Tendler'sche Haupt- und Prinzipalkasperl[2]   15
nicht mehr genügen, ich wollte noch ganz etwas anderes
leisten; für den meinigen ersann ich noch drei weitere, nie
dagewesene und höchst wirkungsvolle Gelenke, er sollte
seitwärts mit dem Kinne wackeln, die Ohren hin- und
herbewegen und die Unterlippe auf- und abklappen kön-   20
nen; und er wäre auch jedenfalls ein ganz unerhörter
Prachtkerl geworden, wenn er nur nicht schließlich über
all seinen Gelenken schon in der Geburt zugrunde gegangen wäre. Auch sollte leider weder der Pfalzgraf Siegfried
noch irgendein anderer Held des Puppenspiels durch   25
meine Hand zu einer fröhlichen Auferstehung gelangen.
– Besser glückte es mir mit dem Bau einer unterirdischen
Höhle, in der ich an kalten Tagen mit Lisei auf einem
Bänkchen zusammensaß und ihr bei dem spärlichen Lichte, das durch eine oben angebrachte Fensterscheibe fiel,   30
die Geschichten aus dem Weiße'schen Kinderfreunde[3]
vorlas, die sie immer von Neuem hören konnte. Meine
Kameraden neckten mich wohl und schalten mich einen
Mädchenknecht, weil ich statt wie sonst mit ihnen, jetzt

---

[1] Wams: Männerrock unter der Rüstung
[2] Hauptfigur im Puppenspiel
[3] Anspielung auf die aufklärerische Zeitschrift von Christian Felix
     Weiße (1726-1804) Der Kinderfreund, die Wissen und bürgerliche
     Erziehungsprinzipien (24 Bände) vermittelte

mit der Puppenspielertochter meine Zeit zubrachte. Mich kümmerte das wenig; wusste ich doch, es redete nur der Neid aus ihnen, und wo es mir zu arg wurde, da brauchte ich denn auch einmal ganz wacker meine Fäuste.

5 – – Aber alles im Leben ist nur für eine Spanne Zeit. Die Tendlers hatten ihre Stücke durchgespielt; die Puppenbühne auf dem Schützenhofe wurde abgebrochen; sie rüsteten sich zum Weiterziehen.

Und so stand ich denn an einem stürmischen Oktobernachmittage draußen vor unserer Stadt auf dem hohen Heiderücken[1], sah bald traurig auf den breiten Sandweg, der nach Osten in die kahle Gegend hinausläuft, bald sehnsüchtig nach der Stadt zurück, die in Dunst und Nebel in der Niederung lag. Und da kam es herange15 trabt, das kleine Wägelchen mit den zwei hohen Kisten darauf und dem munteren braunen Pferde in der Gabeldeichsel[2]. Herr Tendler saß jetzt vorn auf einem Brettchen, hinter ihm Lisei in dem neuen warmen Mäntelchen neben ihrer Mutter. – Ich hatte schon vor der Herberge 20 von ihnen Abschied genommen; dann aber war ich vorausgelaufen, um sie alle noch einmal zu sehen und um Lisei, wozu ich von meinem Vater die Erlaubnis erhalten hatte, den Band von Weißens Kinderfreunde als Angedenken mitzugeben; auch eine Düte[3] mit Kuchen hatte 25 ich um einige ersparte Sonntags-Sechslinge[4] für sie eingehandelt. – „Halt! halt!", rief ich jetzt und stürzte von meinem Heidehügel auf das Fuhrwerk zu. – Herr Tendler zog die Zügel an, der Braune stand und ich reichte Lisei meine kleinen Geschenke in den Wagen, die sie 30 neben sich auf den Stuhl legte. Als wir uns aber, ohne ein Wort zu sagen, an beiden Händen griffen, da brachen wir armen Kinder in ein lautes Weinen aus. Doch in demselben Augenblicke peitschte auch schon Herr Tendler auf sein Pferdchen. „Ade, mein Bub! Bleib brav, und dank aa 35 no schön dei'm Vaterl und dei'm Mutterl!"

---

[1] Geestrücken nahe der Nordseeküste, mit Heidekraut bewachsen
[2] gabelförmige Deichsel zum Einspannen eines Pferdes
[3] niederdeutsch: Tüte
[4] kleine Silbermünzen, hier: Taschengeld

Illustration von Carl Offterdingen

„Ade! Ade!", rief das Lisei, das Pferdchen zog an, das Glöckchen an seinem Halse bimmelte; ich fühlte die kleinen Hände aus den meinen gleiten, und fort fuhren sie, in die weite Welt hinaus.

Ich war wieder am Rande des Weges emporgestiegen ₅ und blickte unverwandt dem Wägelchen nach, wie es durch den stäubenden Sand dahinzog. Immer schwächer hörte ich das Gebimmel des Glöckchens; einmal noch sah ich ein weißes Tüchelchen um die Kisten flattern; dann allmählich verlor es sich mehr und mehr in den grauen Herbstnebeln. – Da fiel es plötzlich wie eine Todesangst mir auf das Herz; du siehst sie nimmer, nimmer wieder! – – „Lisei!", schrie ich, „Lisei!" – Als aber dessen ungeachtet, vielleicht wegen einer Biegung der Landstraße, der nur noch im Nebel schwimmende Punkt jetzt völlig meinen Augen entschwand, da rannte ich wie unsinnig auf dem Wege hinterdrein. Der Sturm riss mir die Mütze vom Kopfe, meine Stiefel füllten sich mit Sand; aber so weit ich laufen mochte, ich sah nichts anderes als die öde baumlose Gegend und den kalten grauen Himmel, der darüber stand. – Als ich endlich bei einbrechender Dunkelheit zu Hause wieder angelangt war, hatte ich ein Gefühl, als sei die ganze Stadt indessen ausgestorben. Es war eben der erste Abschied meines Lebens.

Wenn in den nun folgenden Jahren der Herbst wiederkehrte, wenn die Krammetsvögel[1] durch die Gärten unserer Stadt flogen und drüben vor der Schneiderherberge die ersten gelben Blätter von den Lindenbäumen wehten, dann saß ich wohl manches Mal auf unserer Bank und dachte, ob nicht endlich einmal das Wägelchen mit dem braunen Pferde wie damals wieder die Straße heraufgebimmelt kommen würde.

Aber ich wartete umsonst; das Lisei kam nicht wieder.

*   *   *

Es war um zwölf Jahre später. – Ich hatte nach der Rechenmeisterschule, wie es damals manche Handwerkersöhne zu tun pflegten, auch noch die Quarta[2] unserer Gelehrtenschule durchgemacht und war dann bei meinem Vater in die Lehre getreten. Auch diese Zeit, in der ich mich, außer meinem Handwerk, vielfach mit dem Lesen guter Bücher beschäftigte, war vorübergegangen. Jetzt, nach dreijähriger Wanderschaft, befand ich mich in einer mitteldeut-

---

[1] Wacholderdrossel
[2] dritte Klasse im Gymnasium

schen Stadt[1]. Es war streng katholisch dort und in dem
Punkte verstanden sie keinen Spaß; wenn man vor ihren
Prozessionen, die mit Gesang und Heiligenbildern durch
die Straßen zogen, nicht selbst den Hut abnahm, so wurde
er einem auch wohl heruntergeschlagen; sonst aber waren ₅
es gute Leute. – Die Frau Meisterin, bei der ich in Arbeit
stand, war eine Witwe, deren Sohn gleich mir in der Fremde arbeitet, um die nach den Zunftgesetzen[2] vorgeschriebenen Wanderjahre bei der späteren Bewerbung um das
Meisterrecht nachweisen zu können. Ich hatte es gut in ₁₀
diesem Hause; die Frau tat mir, wovon sie wünschen
mochte, dass es in der Ferne andere Leute an ihrem Kinde
tun möchten, und bald war unter uns das Vertrauen so
gewachsen, dass das Geschäft so gut wie ganz in meinen
Händen lag. – Jetzt steht unser Joseph dort bei ihrem Sohn ₁₅
in Arbeit, und die Alte, so hat er oft geschrieben, hätschelt
mit ihm, als wäre sie die leibhaftige Großmutter zu dem
Jungen. – – Nun, damals saß ich eines Sonntagnachmittags
mit meiner Frau Meisterin in der Wohnstube, deren Fenster der Tür des großen Gefangenhauses gegenüberlagen. ₂₀
Es war im Januar; das Thermometer stand zwanzig Grade
unter Null; draußen auf der Gasse war kein Mensch zu
sehen; mitunter kam der Wind pfeifend von den nahen
Bergen herunter und jagte kleine Eisstücke klingend über
das Straßenpflaster. ₂₅
„Da behagt'n warmes Stübchen und'n heißes Schälchen
Kaffee", sagte die Meisterin, indem sie mir die Tasse
zum dritten Male vollschenkte.
Ich war ans Fenster getreten. Meine Gedanken gingen in
die Heimat; nicht zu lieben Menschen, die hatte ich dort ₃₀
nicht mehr, das Abschiednehmen hatte ich jetzt gründlich
gelernt. Meiner Mutter war mir noch vergönnt gewesen
selbst die Augen zuzudrücken; vor einigen Wochen hatte
ich nun auch den Vater verloren, und bei dem damals
noch so langwierigen Reisen hatte ich ihn nicht einmal zu ₃₅

---

[1] Gemeint ist das katholische Heiligenstadt im Eichsfeld/Thüringen.
Storm hat dort vor dem Gefängnis 1856-1864 gewohnt (vgl. S. 86).
[2] die von der Handwerkerzunft vorgeschriebenen Ausbildungsregeln

seiner Ruhestatt begleiten können. Aber die väterliche Werkstatt wartete auf den Sohn ihres heimgegangenen[1] Meisters. Indes, der alte Heinrich war noch da und konnte mit Genehmigung der Zunftmeister die Sache schon
5 eine kurze Zeit lang aufrecht halten; und so hatte ich denn auch meiner guten Meisterin versprochen, noch ein paar Wochen bis zum Eintreffen ihres Sohnes bei ihr auszuhalten. Aber Ruhe hatte ich nicht mehr, das frische Grab meines Vaters duldete mich nicht länger in der Fremde. In
10 diesen Gedanken unterbrach mich eine scharfe scheltende Stimme drüben von der Straße her. Als ich aufblickte, sah ich das schwindsüchtige[2] Gesicht des Gefängnisinspektors sich aus der halb geöffneten Tür des Gefangenhauses hervorrecken; seine erhobene Faust drohte einem
15 jungen Weibe, das, wie es schien, fast mit Gewalt in diese sonst gefürchteten Räume einzudringen strebte.

„Wird wohl was Liebes drinnen haben", sagte die Meisterin, die von ihrem Lehnstuhle aus ebenfalls dem Vorgange zugesehen hatte; „aber der alte Sünder drüben hat
20 kein Herz für die Menschlichkeit."

„Der Mann tut wohl nur seine Pflicht, Frau Meisterin", sagte ich, noch immer in meinen eigenen Gedanken.

„Ich möcht nicht solche Pflicht zu tun haben", erwiderte sie, und lehnte sich fast zornig in ihren Stuhl zurück.
25 Drüben war indes die Tür des Gefangenhauses zugeschlagen und das junge Weib, nur mit einem kurzen wehenden Mäntelchen um die Schultern und einem schwarzen Tüchelchen um den Kopf geknotet, ging langsam die übereiste Straße hinab. – Die Meisterin und ich waren schwei-
30 gend auf unserem Platz geblieben; ich glaube – denn auch meine Teilnahme war jetzt erweckt –, es war uns beiden, als ob wir helfen müssten und nur nicht wüssten, wie.

Als ich eben vom Fenster zurücktreten wollte, kam das Weib wieder die Straße herauf. Vor der Tür des Gefan-
35 genhauses blieb sie stehen und setzte zögernd einen Fuß auf den zur Schwelle führenden Treppenstein; dann aber wandte sie den Kopf zurück, und ich sah ein junges Ant-

---

[1] verstorben
[2] an Tuberkulose erkrankt

litz, dessen dunkle Augen mit dem Ausdruck ratlosester
Verlassenheit über die leere Gasse streiften; sie schien
doch nicht den Mut zu haben, noch einmal der drohen-
den Beamtenfaust entgegenzutreten. Langsam und
immer wieder nach der geschlossenen Tür zurückblik- 5
kend, setzte sie ihren Weg fort; man sah es deutlich, sie
wusste selbst nicht, wohin. Als sie jetzt aber an der Ecke
der Gefangenanstalt in das nach der Kirche hinauffüh-
rende Gässchen einbog, riss ich unwillkürlich meine
Mütze vom Türhaken, um ihr nachzugehen. 10
„Ja, ja, Paulsen, das ist das Rechte!", sagte die gute Meisterin; „geht nur, ich werde derweil den Kaffee wieder
heiß setzen!"
Es war grimmig kalt, als ich aus dem Hause trat; alles
schien wie ausgestorben; von dem Berge, der am Ende 15
der Straße die Stadt überragt, sah fast drohend der
schwarze Tannenwald herab; vor den Fensterscheiben
der meisten Häuser saßen die weißen Eisgardinen; denn
nicht jeder hatte, wie meine Meisterin, die Gerechtigkeit
von fünf Klaftern[1] Holz auf seinem Hause. – Ich ging 20
durch das Gässchen nach dem Kirchenplatz; und dort
vor dem großen Kruzifixe auf der gefrorenen Erde lag
das junge Weib, den Kopf gesenkt, die Hände in den
Schoß gefaltet. Ich trat schweigend näher; als sie aber
jetzt zu dem blutigen Antlitz des Gekreuzigten aufblick- 25
te, sagte ich: „Verzeiht mir, wenn ich Eure Andacht
unterbreche; aber Ihr seid wohl fremd in dieser Stadt?"
Sie nickte nur, ohne ihre Stellung zu verändern.
„Ich möchte Euch helfen", begann ich wieder; „sagt mir
nur, wohin Ihr wollt!" 30
„I weiß nit mehr, wohin", sagte sie tonlos und ließ das
Haupt wieder auf ihre Brust sinken.
„Aber in einer Stunde ist es Nacht; in diesem Totenwetter
könnt Ihr nicht länger auf der offenen Straße bleiben!"
„Der liebi Gott wird helfen", hörte ich sie leise sagen. 35
„Ja, ja", rief ich, „und ich glaube fast, er hat mich selbst
zu Euch geschickt!"

---

[1] altes Raummaß fürs Holz, entspricht einem Volumen von etwa 3 m^3

Es war, als habe der stärkere Klang meiner Stimme sie erweckt; denn sie erhob sich und trat zögernd auf mich zu; mit vorgestrecktem Halse näherte sie ihr Gesicht mehr und mehr dem meinen, und ihre Blicke drangen auf mich
5 ein, als ob sie mich damit erfassen wollte. „Paul!", rief sie plötzlich, und wie ein Jubelruf flog das Wort aus ihrer Brust – „Paul! Ja di schickt mir der liebi Gott!"
Wo hatte ich meine Augen gehabt! Da hatte ich es ja wieder, mein Kindsgespiel, das kleine Puppenspieler-Lisei!
10 Freilich, eine schöne schlanke Jungfrau war es geworden, und auf dem sonst so lachenden Kindergesicht lag jetzt, nachdem der erste Freudenstrahl darüberhin geflogen, der Ausdruck eines tiefen Kummers.
„Wie kommst du so allein hierher, Lisei?", fragte ich.
15 „Was ist geschehen? Wo ist denn dein Vater?"
„Im Gefängnis, Paul."
„Dein Vater, der gute Mann! – Aber komm mit mir; ich stehe hier bei einer braven Frau in Arbeit; sie kennt dich, ich habe ihr oft von dir erzählt."
20 Und Hand in Hand, wie einst als Kinder, gingen wir nach dem Hause meiner guten Meisterin, die uns schon vom Fenster aus entgegensah. „Das Lisei ist's!", rief ich, als wir in die Stube traten, „denkt Euch, Frau Meisterin, das Lisei!"
25 Die gute Frau schlug die Hände über ihre Brust zusammen. „Heilige Mutter Gottes, bitt für uns! Das Lisei! – Also so hat's ausgeschaut! – Aber", fuhr sie fort, „wie kommst denn du mit dem alten Sünder da zusammen?" – und wies mit dem ausgestreckten Finger nach dem
30 Gefangenhause drüben – „der Paulsen hat mir doch gesagt, dass du ehrlicher Leute Kind bist!"
Gleich darauf aber zog sie das Mädchen weiter in die Stube hinein und drückte sie in ihren Lehnstuhl nieder, und als jetzt Lisei ihre Frage zu beantworten anfing, hielt
35 sie ihr schon eine dampfende Tasse Kaffee an die Lippen.
„Nun trink einmal", sagte sie, „und komm erst wieder zu dir; die Händchen sind dir ja ganz verklommen[1]."

---

[1] unbeweglich vor Kälte

Illustration von Carl Offterdingen

Und das Lisei musste trinken, wobei ihr zwei helle Tränen in die Tasse rollten, und dann erst durfte sie erzählen. Sie sprach jetzt nicht, wie einst und wie vorhin in
der Einsamkeit ihres Kummers, in dem Dialekt ihrer
Heimat, nur ein leichter Anflug war ihr davon geblieben; 5

denn waren ihre Eltern auch nicht mehr bis an unsere
Küste hier hinabgekommen, so hatten sie sich doch meis-
tens in dem mittleren Deutschland aufgehalten. Schon
vor einigen Jahren war die Mutter gestorben. „Verlass
5 den Vater nicht!", das hatte sie der Tochter im letzten
Augenblicke noch ins Ohr geflüstert, „sein Kindesherz
ist zu gut für diese Welt." Lisei brach bei dieser Erinnerung in heftiges Weinen aus; sie wollte nicht einmal von
der aufs Neue vollgeschenkten Tasse trinken, mit der die
10 Meisterin ihre Tränen zu stillen gedachte, und erst nach
einer ziemlichen Weile konnte sie weiter berichten.
Gleich nach dem Tode der Mutter war es ihre erste
Arbeit gewesen, an deren Stelle sich die Frauenrollen in
den Puppenspielen von ihrem Vater einlernen zu lassen.
15 Dazwischen waren die Bestattungsfeierlichkeiten
besorgt und die ersten Seelenmessen für die Tote gelesen; dann, das frische Grab hinter sich lassend, waren
Vater und Tochter wiederum ins Land hineingefahren
und hatten, wie vorhin, ihre Stücke abgespielt, den ver-
20 lorenen Sohn[1], die heilige Genovefa und wie sie sonst
noch heißen mochten.
So waren sie gestern auf der Reise in ein großes Kirch-
dorf gekommen, wo sie ihre Mittagsrast gehalten hatten.
Auf der harten Bank vor dem Tische, an welchem sie ihr
25 bescheidenes Mahl verzehrten, war Vater Tendler ein
halbes Stündchen in einen festen Schlaf gesunken, während Lisei draußen die Fütterung ihres Pferdes besorgt
hatte. Kurz darauf, in wollene Decken wohlverpackt,
waren sie aufs Neue in die grimmige Winterkälte hin-
30 ausgefahren.
„Aber wir kamen nit weit", erzählte Lisei; „gleich hin-
term Dorf ist ein Landreiter[2] auf uns zugeritten und hat
gezetert und gemordio't[3]. Aus dem Tischkasten sollt

---

[1] Gleichnis aus dem Lukas-Evangelium (15, 11-32)
[2] Mitglied der berittenen Landpolizei
[3] Zeter und mordio schreien; laut und heftig rufen

dem Wirt ein Beutel mit Geld gestohlen sein und mein unschuldigs Vaterl war doch allein in der Stube dort gewesen! Ach, wir haben kei Heimat, kei Freund, kei Ehr; es kennt uns niemand nit!"

„Kind, Kind", sagte die Meisterin, indem sie zu mir hin- 5 überwinkte, „versündige dich auch nicht!"

Ich aber schwieg, denn Lisei hatte ja nicht Unrecht mit ihrer Klage. – Sie hatten in das Dorf zurückgemusst; das Fuhrwerk mit allem, was darauf geladen, war vom Schulzen[1] dort zurückgehalten worden; der alte Tendler aber 10 hatte die Weisung[2] erhalten, den Weg zur Stadt neben dem Pferde des Landreiters herzutraben. Lisei, von dem Letzteren mehrfach zurückgewiesen, war in einiger Entfernung hinterhergegangen, in der Zuversicht, dass sie wenigstens, bis der liebe Gott die Sache aufkläre, das Gefängnis ihres 15 Vaters werde teilen können. Aber – auf ihr ruhte kein Verdacht; mit Recht hatte der Inspektor sie als eine Zudringliche von der Tür gejagt, die auf ein Unterkommen in seinem Hause nicht den geringsten Anspruch habe.

Lisei wollte das zwar noch immer nicht begreifen; sie 20 meinte, das sei ja härter als alle Strafe, die später doch gewiss den wirklichen Spitzbuben noch ereilen würde; aber, fügte sie gleich hinzu, sie wolle ihm auch so harte Straf' nit wünschen, wenn nur die Unschuld von ihrem guten Vaterl an den Tag komme; ach, der werd's gewiss 25 nit überleben!

Ich besann mich plötzlich, dass ich sowohl dem alten Korporal[3] da drüben, als auch dem Herrn Kriminalkommissarius eigentlich ein unentbehrlicher Mann sei; denn dem einen hielt ich seine Spinnmaschinen[4] in Ordnung, dem 30 anderen schärfte ich seine kostbaren Federmesser[5]; durch den einen konnte ich wenigstens Zutritt zu dem Gefangenen erhalten, bei dem anderen konnte ich ein Leumunds-

---

[1] Gemeindevorsteher (auch Schultheiß genannt)
[2] Befehl, Anweisung
[3] Gefängniswächter
[4] Maschine, die für die Arbeit der Häftlinge eingesetzt wurde
[5] Messer zum Spitzen der Schreibfeder

zeugnis[1] für Herrn Tendler ablegen und ihn vielleicht zur
Beschleunigung der Sache veranlassen. Ich bat Lisei, sich zu
gedulden, und ging sofort in das Gefangenhaus hinüber.
Der schwindsüchtige[2] Inspektor schalt auf die unver-
schämten Weiber, die immer zu ihren spitzbübischen
Männern oder Vätern in die Zellen wollten. Ich aber
verbat mir in Betreff meines alten Freundes solche Titel,
solange sie ihm nicht durch das Gericht „von Rechts
wegen" beigelegt seien, was, wie ich sicher wisse, nie
geschehen werde; und endlich, nach einigem Hin- und
Widerreden, stiegen wir zusammen die breite Treppe
nach dem Oberbau hinauf.
In dem alten Gefangenhause war auch die Luft gefangen,
und ein widerwärtiger Dunst schlug uns entgegen, als
wir oben durch den langen Korridor schritten, von welchen aus zu beiden Seiten Tür an Tür in die einzelnen
Gefangenzellen führte. An einer derselben, fast zu Ende
des Ganges, blieben wir stehen; der Inspektor schüttelte
sein großes Schlüsselbund, um den rechten herauszufin-
den; dann knarrte die Tür und wir traten ein.
In der Mitte der Zelle, mit dem Rücken gegen uns, stand
die Gestalt eines kleinen mageren Mannes, der nach dem
Stückchen Himmel hinaufzublicken schien, das grau
und trübselig durch ein oben in der Mauer angebrachtes
Fenster auf ihn herabdämmerte. An seinem Haupte
bemerkte ich sogleich die kleinen abstehenden Haar-
spieße; nur hatten sie, wie jetzt draußen die Natur, sich
in die Farbe des Winters bekleidet. Bei unserem Eintritt
wandte der kleine Mann sich um.
„Sie kennen mich wohl nicht mehr, Herr Tendler?", fragte ich.
Er sah flüchtig nach mir hin. „Nein, lieber Herr," erwiderte er, „hab nicht die Ehre."
Ich nannte ihm den Namen meiner Vaterstadt und sagte:
„Ich bin der unnütze Junge, der Ihnen damals Ihren
kunstreichen Kasperl verdrehte!"

---

[1] offizielles Führungszeugnis
[2] an Tuberkulose erkrankt

„O, schad't nichts, gar nichts!", erwiderte er verlegen und
machte mir einen Diener; „ist lange schon vergessen."
Er hatte offenbar nur halb auf mich gehört; denn seine
Lippen bewegten sich, als spräche er zu sich selber von
ganz anderen Dingen.
Da erzählte ich ihm, wie ich vorhin sein Lisei aufgefun-
den habe, und jetzt erst sah er mich mit offenen Augen an.
„Gott Dank! Gott Dank!", sagte er und faltete die Hände.
„Ja, ja, das kleine Lisei und der kleine Paul, die spielten
derzeit miteinander! – Der kleine Paul! Seid Ihr der kleine
Paul! O, i glaub's Euch schon; das herzige Gsichtl von
dem frischen Bubn, das schaut da no heraus!" Er nickte
mir so innig zu, dass die weißen Haarspießchen auf seinem Kopfe bebten. „Ja, ja, da drunten an der See bei Euch;
wir sind nit wieder hinkommen; das war no gute Zeit
dermal; da war aa noch mein Weib, die Tochter vom großen Geiselbrecht dabei! ‚Joseph!', pflegte sie zu sagen,
‚wenn nur die Menschen aa so Dräht' an ihre Köpf' hätten, da könnt'st du aa mit ihne firti werdn!' – Hätt sie nur
heute noch gelebt, sie hätten mich nicht eingesperrt. Du
lieber Gott; ich bin kein Dieb, Herr Paulsen."
Der Inspektor, der draußen vor der angelehnten Tür im
Gange auf- und abging, hatte schon ein paar Mal mit
seinem Schlüsselbunde gerasselt. Ich suchte den alten
Mann zu beruhigen und bat ihn, sich bei seinem ersten
Verhöre auf mich zu berufen, der ich hier bekannt und
wohlgeachtet sei.
Als ich wieder zu meiner Meisterin in die Stube trat, rief
diese mir entgegen: „Das ist ein trotzigs Mädel, Paulsen;
da helft mir nur gleich ein wenig; ich hab ihr die Kam-
mer zum Nachtquartier geboten; aber sie will fort, in die
Bettelherberg[1] oder Gott weiß wohin!"
Ich fragte Lisei, ob sie ihre Pässe bei sich habe.
„Mein Gott, die hat der Schulz[2] im Dorf uns abgenom-
men!"
„So wird kein Wirt dir seine Tür aufmachen," sagte ich,
„das weißt du selber wohl."

---

[1] kostenfreie Herberge für Bettler und Obdachlose
[2] Gemeindevorsteher

Sie wusste es freilich, und die Meisterin schüttelte ihr vergnügt die Hände. „Ich denk wohl", sagte sie, „dass du
dein eignes Köpfchen hast; der da hat mir's haarklein
erzählt, wie ihr zusammen in der Kiste habt gesessen; aber
5 so leicht wärst du doch nicht von mir fortgekommen!"
Das Lisei sah etwas verlegen vor sich nieder; dann aber
fragte sie mich hastig aus nach ihrem Vater. Nachdem
ich ihr Bescheid gegeben hatte, erbat ich mir ein paar
Bettstücke von der Meisterin, nahm von den meinigen
10 noch etwas hinzu, und trug es selbst hinüber in die Zelle
des Gefangenen, wozu ich vorhin von dem Inspektor die
Erlaubnis erhalten hatte. – So konnten wir, als nun die
Nacht herankam, hoffen, dass im warmen Bette und auf
dem besten Ruhekissen, das es in der Welt gibt, auch
15 unseren alten Freund in seiner öden Kammer ein sanfter
Schlaf erquicken werde.

*   *   *

Am anderen Vormittage, als ich eben, um zum Herrn Kriminalkommissarius zu gehen, auf die Straße trat, kam von
drüben der Inspektor in seinen Morgenpantoffeln auf
20 mich zugeschritten. „Ihr habt Recht gehabt, Paulsen",
sagte er mit seiner gläsernen Stimme, „für dies Mal ist's
kein Spitzbube gewesen; den Richtigen haben sie soeben
eingebracht; Euer Alter wird noch heute entlassen werden."
25 Und richtig, nach einigen Stunden öffnete sich die Tür des
Gefangenhauses, und der alte Tendler wurde von der
kommandierenden Stimme des Inspektors zu uns hinü-
bergewiesen. Da das Mittagsessen eben aufgetragen war,
so ruhte die Meisterin nicht, bis auch er seinen Platz am
30 Tische eingenommen hatte; aber er berührte die Speisen
kaum, und wie sie sich auch um ihn bemühen mochte, er
blieb wortkarg und in sich gekehrt neben seiner Tochter
sitzen; nur mitunter bemerkte ich, wie er deren Hand
nahm und sie zärtlich streichelte. Da hörte ich draußen

vom Tore her ein Glöckchen bimmeln; ich kannte es ganz genau, aber es läutete mir weit her aus meiner Kinderzeit.

„Lisei!", sagte ich leise.

„Ja, Paul, ich hör es wohl."

Und bald standen wir beide draußen vor der Haustür. Siehe, da kam es die Straße herab, das Wägelchen mit den beiden hohen Kisten, wie ich daheim es mir so oft gewünscht hatte. Ein Bauerbursche ging nebenher mit Zügel und Peitsche in der Hand; aber das Glöckchen bimmelte jetzt am Halse eines kleinen Schimmels.

„Wo ist das Braunchen geblieben?", fragte ich Lisei.

„Das Braunchen", erwiderte sie, „das ist uns eines Tags vor'm Wagen hingefallen; der Vater hat sogleich den Tierarzt aus dem Dorf geholt; aber es hat nimmer leben können."

Bei diesen Worten stürzten ihr die Tränen aus den Augen. „Was fehlt dir, Lisei?", fragte ich; „es ist ja nun doch alles wieder gut!"

Sie schüttelte den Kopf. „Mein Vaterl gefallt mir nit; er ist so still; die Schand, er verwind't[1] es nit."

– – Und Lisei hatte mit ihren treuen Tochteraugen recht gesehen. Als kaum die beiden in einem kleinen Gasthause untergebracht waren und der Alte schon seine Pläne zur Weiterfahrt entwarf – denn hier wollte er jetzt nicht vor die Leute treten – da zwang ihn ein Fieber, im Bett zu bleiben! Bald mussten wir einen Arzt holen und es entwickelte sich ein längeres Krankenlager. In Besorgnis, dass sie dadurch in Not geraten könnten, bot ich Lisei meine Geldmittel zur Hilfe an; aber sie sagte: „I nimm's ja gern von dir; doch sorg nur nit, wir sind nit gar so karg." Da blieb mir denn nichts anderes zu tun, als in der Nachtwache mit ihr zu wechseln, oder, als es dem Kranken besser ging, am Feierabend ein Stündchen an seinem Bett zu plaudern.

So war die Zeit meiner Abreise herangenaht und mir wurde das Herz immer schwerer. Es tat mir fast weh, das Lisei anzusehen; denn bald fuhr es ja auch mit seinem Vater von hier wieder in die weite Welt hinaus.

---

[1] verkraften

Wenn sie nur eine Heimat gehabt hätten! Aber wo waren
sie zu finden, wenn ich Gruß und Nachricht zu ihnen
senden wollte! Ich dachte an die zwölf Jahre seit unserem ersten Abschied; – sollte wieder so lange Zeit verge-
hen oder am Ende gar das ganze Leben?

„Und grüß mir aa dein Vaterhaus, wenn du heimkommst!",
sagte Lisei, da sie am letzten Abend mich an die Haustür
begleitet hatte. „Ich seh's mit mein' Augen, das Bänkerl vor
der Tür, die Lind im Gartl; ach, i vergiss es nimmer; so lieb
hab ich's nit wieder g'funden in der Welt!"

Als sie das sagte, war es mir, als leuchte aus dunkler
Tiefe meine Heimat zu mir auf; ich sah die zärtlichen
Augen meiner Mutter, das feste ehrliche Antlitz meines
Vaters. „Ach Lisei", sagte ich, „wo ist denn jetzt mein
Vaterhaus! Es ist ja alles öd und leer."

Lisei antwortet nicht; sie gab mir nur die Hand und
blickte mich mit ihren guten Augen an.

Da war mir, als hörte ich die Stimme meiner Mutter
sagen: „Halte diese Hand fest und kehre mit ihr zurück,
so hast du deine Heimat wieder!" – und ich hielt die
Hand fest und sagte: „Kehr du mit mir zurück, Lisei,
und lass uns zusammen versuchen, ein neues Leben in
das leere Haus zu bringen, ein so gutes, wie es die
geführt haben, die ja auch dir einst lieb gewesen sind!"

„Paul", rief sie, „was meinst du? I versteh di nit."

Aber ihre Hand zitterte heftig in der meinen, und ich bat
nur: „Ach, Lisei, versteh mich doch!"

Sie schwieg einen Augenblick. „Paul", sagte sie dann, „i
kann nit von mei'm Vaterl gehen."

„Der muss ja mit uns, Lisei! Im Hinterhause, die beiden
Stübchen, die jetzt leer stehen, da kann er wohnen und
wirtschaften; der alte Heinrich hat sein Kämmerchen
dicht daneben."

Lisei nickte. „Aber, Paul, wir sind landfahrende[1] Leut.
Was werden sie sagen bei dir daheim?"

„Sie werden mächtig reden, Lisei!"

---

[1] von Stadt zu Stadt ziehend

„Und du hast nit Furcht davor?"
Ich lachte nur dazu.
„Nun", sagte Lisei, und wie ein Glockenlaut schlug es
aus ihrer Stimme, „wenn d u sie hast, – i hab schon die
Kuraschi[1]!"   5
„Aber tust du's denn auch gern?"
– „Ja, Paul, wenn i's nit gern tät", – und sie schüttelte ihr
braunes Köpfchen gegen mich – „gel', da tät i's nimmer-
mehr!" –
„Und, mein Junge", unterbrach sich hier der Erzähler,   10
„wie einen bei solchen Worten ein Paar schwarze Mäd-
chenaugen ansehen, das sollst du nun noch lernen, wenn
du erst ein Stieg[2] Jahre weiter bist!"
„Ja, ja", dachte ich, „zumal so ein Paar Augen, die einen
See ausbrennen können!"   15
„Und nicht wahr", begann Paulsen wieder, „nun weißt
du auch nachgerade, wer das Lisei ist?"
„Das ist die Frau Paulsen!", erwiderte ich. „Als ob ich
das nicht längst gemerkt hätte! Sie sagt ja noch immer
‚nit' und hat auch noch die schwarzen Augen unter den   20
fein gepinselten Augenbrauen."
Mein Freund lachte, während ich mir im Stillen vornahm, die Frau Paulsen, wenn wir ins Haus zurückkä-
men, doch einmal recht darauf anzusehen, ob noch das
Puppenspieler-Lisei in ihr zu erkennen sei. – „Aber",   25
fragte ich, „wo ist denn der alte Herr Tendler hingekom-
men?"
„Mein liebes Kind", erwiderte mein Freund, „wohin wir
schließlich alle kommen. Drüben auf dem grünen Kirchhof ruht er neben unserem alten Heinrich; aber es ist   30
noch einer mehr in sein Grab mit hineingekommen, der
andere kleine Freund aus meiner Kinderzeit. Ich will
dir's wohl erzählen; nur lass uns ein wenig hinausge-
hen; meine Frau könnte nachgerade einmal nach uns
sehen wollen, und sie soll die Geschichte doch nicht   35
wieder hören."

---

[1] süddeutsch: den Mut haben
[2] norddeutsches Zählmaß: 20 Stück

Paulsen stand auf, und wir gingen auf den Spaziergang hinaus, der auch hier hinter den Gärten der Stadt entlang führt. Nur wenige Leute kamen uns entgegen; denn es war schon um die Vesperzeit[1].

5 „Siehst du" – begann Paulsen seine Erzählung wieder – „der alte Tendler war derzeit mit unserem Verspruch[2] gar wohl zufrieden; er gedachte meiner Eltern, die er einst gekannt hatte, und er fasste auch zu mir Vertrauen. Überdies war er des Wanderns müde; ja, seit es ihn in die 10 Gefahr gebracht hatte, mit den verworfensten Vagabunden[3] verwechselt zu werden, war in ihm die Sehnsucht nach einer festen Heimat immer mehr heraufgewachsen. Meine gute Meisterin zwar zeigte sich nicht so einverstanden; sie fürchtete, bei allem guten Willen möge doch 15 das Kind des umherziehenden Puppenspielers nicht die rechte Frau für einen sesshaften Handwerksmann abgeben. – Nun, sie ist seit langem schon bekehrt worden!
– – Und so war ich denn nach kaum acht Tagen wieder hier, von den Bergen an die Nordseeküste, in unserer 20 alten Vaterstadt. Ich nahm mit Heinrich die Geschäfte rüstig in die Hand und richtete zugleich die beiden leer stehenden Zimmer im Hinterhause für den Vater Joseph ein. – Vierzehn Tage weiter – es strichen eben die Düfte der ersten Frühlingsblumen über die Gärten – da kam es 25 die Straße heraufgebimmelt. „Meister, Meister", rief der alte Heinrich, „sie kommen, sie kommen!" Und da hielt schon das Wägelchen mit den zwei hohen Kisten vor unserer Tür. Das Lisei war da, der Vater Joseph war da, beide mit munteren Augen und roten Wangen; und auch 30 das ganze Puppenspiel zog mit ihnen ein; denn ausdrückliche Bedingung war es, dass dies den Vater Joseph auf sein Altenteil[4] begleiten solle. Das kleine Fuhrwerk dagegen wurde in den nächsten Tagen schon verkauft.

---

[1] Zwischenmahlzeit am Nachmittag
[2] Verlobung
[3] Landstreicher, Herumtreiber
[4] Wenn ein Bauer seinen Hof übergab, bezog er das Altenteil. Sein Nachfolger sorgte dann für den Altbauern in Form von Wohnung und Unterhalt.

Dann hielten wir die Hochzeit; ganz in der Stille; denn Blutsfreunde[1] hatten wir weiter nicht am Ort; nur der Hafenmeister, mein alter Schulkamerad, war als Trauzeuge mit zugegen. Lisei war, wie ihre Eltern, katholisch; dass aber das ein Hindernis für unsere Ehe sein könne, ist uns niemals eingefallen. In den ersten Jahren reiste sie wohl zur österlichen Beichte nach unserer Nachbarstadt[2]; wo, wie du weißt, eine katholische Gemeinde ist; nachher hat sie ihre Kümmernisse nur noch ihrem Mann gebeichtet.

Am Hochzeitsmorgen legte Vater Joseph zwei Beutel vor mir auf den Tisch, einen größeren mit alten Harzdritteln[3], einen kleinen voll Kremnitzer Dukaten[4].

„Du hast nit danach fragt, Paul!", sagte er. „Aber so völlig arm is doch mein Lisei dir nit zubracht. Nimm's! I brauch's allfurt[5] nit mehr." –

Das war der Sparpfennig, von dem mein Vater einst gesprochen, und er kam jetzt seinem Sohne beim Neubeginn seines Geschäfts zu ganz gelegener Zeit. Freilich hatte Liseis Vater damit sein ganzes Vermögen hingegeben und sich selbst der Fürsorge seiner Kinder anvertraut; aber er war dabei nicht müßig; er suchte seine Schnitzmesser wieder hervor und wusste sich bei den Arbeiten in der Werkstatt nützlich zu machen.

Die Puppen nebst dem Theater-Apparat waren in einem Verschlag[6] auf dem Boden des Nebenhauses untergebracht. Nur an Sonntagnachmittagen holte er bald die eine, bald die andere in sein Stübchen herunter, revidierte[7] die Drähte und Gelenke und putzte oder besserte dies und jenes an denselben. Der alte Heinrich stand dann mit seiner kurzen Pfeife neben ihm und ließ sich die Schicksale der Puppen erzählen, von denen fast jede

---

[1] hier: Verwandte
[2] Gemeint ist der Husumer Nachbarort Friedrichstadt an der Eider.
[3] Münze mit einem Drittel Silbergehalt, ein Drittel Taler wert
[4] österreichische Goldmünze im Wert von etwa 5 Euro
[5] künftig
[6] Besenkammer, Abstellraum
[7] überprüfen

ihre eigene Geschichte hatte; ja, wie es jetzt herauskam, der so wirkungsvoll geschnitzte Kasper hatte einst für seinen jungen Verfertiger[1] sogar den Brautwerber um Liseis Mutter abgegeben. Mitunter wurden zur besseren
5 Veranschaulichung der einen oder anderen Szene auch wohl die Drähte in Bewegung gesetzt; Lisei und ich haben oftmals draußen an den Fenstern gestanden, die schon aus grünem Weinlaub gar traulich auf den Hof hinausschauten; aber die alten Kinder drinnen waren
10 meist so in ihr Spiel vertieft, dass ihnen erst durch unser Beifallklatschen die Gegenwart der Zuschauer bemerklich wurde. – – Als das Jahr weiterrückte, fand Vater Joseph eine andere Beschäftigung; er nahm den Garten unter seine Obhut, er pflanzte und erntete und am
15 Sonntage wandelte er, sauber angetan, zwischen den Rabatten[2] auf und ab, putzte an den Rosenbüschen oder band Nelken und Levkojen[3] an feine selbst geschnitzte Stäbchen.

So lebten wir einig und zufrieden; mein Geschäft hob
20 sich mehr und mehr. Über meine Heirat hatte unsere gute Stadt sich ein paar Wochen lebhaft ausgesprochen; da aber fast alle über die Unvernunft meiner Handlungsweise einig waren und dem Gespräche so die gedeihliche Nahrung des Widerspruches vorenthalten
25 blieb, so hatte es sich bald selber ausgehungert.

Als es dann abermals Winter wurde, holte Vater Joseph an den Sonntagen auch wieder die Puppen aus ihrem Verschlage herunter und ich dachte nicht anders, als dass in solchem stillen Wechsel der Beschäftigung ihm
30 auch künftig die Jahre hingehen würden. Da trat er eines Morgens mit gar ernsthaftem Gesichte zu mir in die Wohnstube, wo ich eben allein an meinem Frühstück saß. „Schwiegersohn", sagte er, nachdem er sich wie verlegen ein paar Mal mit der Hand durch seine weißen
35 Haarspießchen gefahren war, „ich kann's doch nit wohl

---

[1] derjenige, der ihn angefertigt, geschaffen hatte
[2] Randbeet
[3] weiß blühende Zierpflanze

Illustration von Carl Offterdingen

länger ansehen, dass ich alleweil[1] so das Gnadenbrot[2] an
Eurem Tisch soll essen."
Ich wusste nicht, wo das hinaus sollte, aber ich fragte
ihn, wie er auf solche Gedanken komme; er schaffe ja mit
in der Werkstatt, und wenn mein Geschäft jetzt einen
größeren Gewinn abwerfe, so sei dies wesentlich der
Zins seines eigenen Vermögens, das er an unserem
Hochzeitsmorgen in meine Hand gelegt habe.

---

[1] immer
[2] Tüchtigen Pferden gönnt man das Gnadenbrot, um ihnen den
     Schlachthof zu ersparen.

Er schüttelte den Kopf. Das reiche alles nicht; aber eben jenes kleine Vermögen habe er zum Teil einst in unserer Stadt gewonnen; das Theater sei ja noch vorhanden, und die Stücke habe er auch alle noch im Kopfe.

5 Da merkte ich's denn wohl, der alte Puppenspieler ließ ihm keine Ruhe; sein Freund, der gute Heinrich, genügte ihm nicht mehr als Publikum, er musste einmal wieder öffentlich vor versammeltem Volke seine Stücke aufführen.

10 Ich suchte es ihm auszureden; aber er kam immer wieder darauf zurück. Ich sprach mit Lisei und am Ende konnten wir nicht umhin, ihm nachzugeben. Am liebsten hätte nun freilich der alte Mann gesehen, wenn Lisei wie vor unserer Verheiratung die Frauenrollen in seinen 15 Stücken gesprochen hätte; aber wir waren übereingekommen, seine dahin zielenden Anspielungen nicht zu verstehen; für die Frau eines Bürgers und Handwerksmeisters wollte sich das denn doch nicht ziemen.

Zum Glück – oder, wie man will, zum Unglück – war 20 derzeit ein ganz reputierliches Frauenzimmer in der Stadt, die einst bei einer Schauspielertruppe als Souffleuse[1] gedient hatte und daher in derlei Dingen nicht unbewandert war. Diese – Kröpel-Lieschen[2] nannten sie die Leute von wegen ihrer Kreuzlahmheit[3] – ging sofort 25 auf unser Anerbieten[4] ein und bald entwickelte sich am Feierabend und an den Sonntagnachmittagen die lebhafteste Tätigkeit in Vater Josephs Stübchen. Während vor dem einen Fenster der alte Heinrich an den Gerüststükken des Theaters zimmerte, stand vor dem anderen 30 zwischen frisch angemalten Kulissen[5], die von der Zimmerdecke herunterhingen, der alte Puppenspieler und exerzierte[6] mit Kröpel-Lieschen eine Szene nach der

---

[1] Einsagerin im Theater – um dem Schauspieler das Steckenbleiben zu ersparen

[2] niederdeutsch: Krüppel-Lieschen (nddt. Ausspr.: Lie-schen und nicht: Lies-chen)

[3] Rückenleiden

[4] Vorschlag

[5] Seitenwand als Abschluss auf der Bühne

[6] einüben

anderen. Sie sei ein dreimal gewürztes[1] Frauenzimmer, versicherte er stets nach solcher Probe; nicht einmal die Lisei hab es so schnell kapiert; nur mit dem Singen ginge es nit gar so schön; sie grunze mit ihrer Stimme immer in der Tiefe, was für die schöne Susanne, die das Lied zu 5 singen habe, nicht eben harmonierlich sei. Endlich war der Tag der Aufführung festgesetzt. Es sollte alles möglichst reputierlich[2] vor sich gehen; nicht auf dem Schützenhofe, sondern auf dem Rathaussaal, wo auch die Primaner um Michaelis[3] ihre Redeübungen hielten, 10 sollte jetzt der Schauplatz sein; und als am Sonnabendnachmittage unsere guten Bürger ihr frisches Wochenblättchen auseinanderfalteten, sprang ihnen in breiten Lettern[4] die Anzeige in die Augen:

„Morgen Sonntagabend sieben Uhr auf dem Rathaus- 15 saale M a r i o n e t t e n - T h e a t e r des Mechanikus J o s e p h T e n d l e r hieselbst.
D i e s c h ö n e S u s a n n a[5], Schauspiel mit Gesang in vier Aufzügen."

Es war aber damals in unserer Stadt nicht mehr die 20 harmlose schaulustige Jugend aus meinen Kinderjahren; die Zeiten des Kosakenwinters[6] lagen dazwischen und namentlich war unter den Handwerkslehrlingen eine arge Zügellosigkeit eingerissen; die früheren Liebhaber unter den Honoratioren[7] aber hatten ihre Gedanken jetzt 25 auf andere Dinge. Dennoch wäre vielleicht alles gut

---

[1] vorlaut, schlau
[2] ehrlich, angesehen
[3] Jahrmarkt nach der Ernte am Ehrentag des Erzengels Michael (29. September)
[4] Buchstaben
[5] beliebtes Marionettenstück im Programm der Wanderbühne: Die babylonische Jüdin Susanna wird von zwei verschmähten Greisen zu Unrecht des Ehebruchs bezichtigt; durch das geschickte Verhör Daniels wird sie vor dem Steinigungstod gerettet (vgl. Buch Daniel, Alttestamentliche Apokryphen).
[6] Kriegswinter 1813/14. Während der Befreiungskriege gegen Napoleon waren russische Soldaten (Kosaken) in Husum einquartiert.
[7] angesehenste Einwohner einer (kleinen) Stadt

gegangen, wenn nur der schwarze Schmidt und seine Jungen nicht gewesen wären."

Ich fragte Paulsen, wer das sei; denn ich hatte niemals von einem solchen Menschen in unserer Stadt gehört.

5 „Das glaub ich wohl", erwiderte er, „der schwarze Schmidt ist schon vor Jahren im Armenhaus[1] verstorben; damals aber war er Meister gleich mir; nicht ungeschickt, aber lüderlich[2] in seiner Arbeit wie im Leben; der sparsame Verdienst des Tages wurde abends im
10 Trunk und Kartenspiel vertan. Schon gegen meinen Vater hatte er einen Hass gehabt, nicht allein, weil dessen Kundschaft die seinige bei weitem überstieg, sondern schon aus der Jugend her, wo er dessen Nebenlehrling gewesen und wegen eines schlechten Streiches
15 gegen ihn vom Meister fortgejagt worden war. Seit dem Sommer hatte er Gelegenheit gefunden, diese Abneigung in erhöhtem Maße auch auf mich auszudehnen; denn bei der damals hier neu errichteten Kattunfabrik[3] war, trotz seiner eifrigen Bemühung um dieselbe, die
20 Arbeit an den Maschinen allein mir übertragen worden, infolge dessen er und seine beiden Söhne, die bei dem Vater in Arbeit standen und diesen an wüstem Treiben womöglich überboten, schon nicht verfehlt hatten, mir ihren Verdruss durch allerlei Neckereien kundzugeben.
25 Ich hatte indessen jetzt keine Gedanken an diese Menschen.

So war der Abend der Aufführung herangekommen. Ich hatte noch an meinen Büchern zu ordnen und habe, was geschah, erst später durch meine Frau und Heinrich
30 erfahren, welche zugleich mit unserem Vater nach dem Rathaussaale gingen.

Der erste Platz dort war fast gar nicht, der zweite nur mäßig besetzt gewesen; auf der Galerie[4] aber hatte es Kopf an Kopf gestanden. – Als man vor diesem Publi
35 kum das Spiel begonnen, war anfänglich alles in der Ord

---

[1] Obdachlosenheim
[2] unordentlich, unanständig
[3] Baumwollfabrik
[4] billige Randplätze im Theater

nung vorgegangen; die alte Lieschen hatte ihren Part[1] fest und ohne Anstoß hingeredet. – Dann aber kam das unglückselige Lied! Sie bemühte sich vergebens, ihrer Stimme einen zarten Klang zu geben; wie Vater Joseph vorhin gesagt hatte, sie grunzte wirklich in der Tiefe. Plötzlich rief eine Stimme von der Galerie: „Höger up[2], Kröpel-Lieschen! Höger up!" Und als sie, diesem Rufe gehorsam, die unerreichbaren Diskanttöne[3] zu erklettern strebte, da scholl[4] ein rasendes Gelächter durch den Saal. Das Spiel auf der Bühne stockte, und zwischen den Kulissen heraus rief die bebende Stimme des alten Puppenspielers: „Meine Herrschaft'n, i bitt g'wogentlich[5] um Ruhe!" Kasperl, den er eben an seinen Drähten in der Hand hielt und der mit der schönen Susanna eine Szene hatte, schlenkerte krampfhaft mit seiner kunstvollen Nase.

Neues Gelächter war die Antwort. „Kasperl soll singen!" – „Russisch! Schöne Minka[6], ich muss scheiden!" – „Hurra für Kasperl!" – „Nichts doch, Kasperl sein' Tochter soll singen!" – „Ja wohl, wischt euch's Maul! Die ist Frau Meisterin geworden, die tut's halt nimmermehr[7]!" So ging's noch eine Weile durcheinander. Auf einmal flog, in wohlgezieltem Wurfe, ein großer Pflasterstein auf die Bühne. Er hatte die Drähte des Kasperl getroffen; die Figur entglitt der Hand ihres Meisters und fiel zu Boden. Vater Joseph ließ sich nicht mehr halten: Trotz Liseis Bitten hat er gleich darauf die Puppenbühne betreten. – Donnerndes Händeklatschen, Gelächter, Fußtrampeln empfing ihn, und es mag sich freilich seltsam genug präsentiert haben[8], wie der alte Mann, mit

---

[1] Theaterrolle
[2] niederdeutsch: höher hinauf!
[3] höchste Stimm- und Tonlage (Sopran)
[4] altertümlich für schallte (Präteritum von schallen)
[5] süddeutsch: eindringlich, flehentlich, inständig
[6] erster Vers des russischen Volkslieds: *Der Kosak und sein Mädchen*, von Christian A. Tiedge (1752-1841) im Jahre 1808 nachgedichtet – s. S. 80
[7] nie wieder
[8] es mag seltsam ausgeschaut haben

dem Kopf oben in den Suffiten[1], unter lebhaftem Hände-
arbeiten seinem gerechten Zorne Luft zu machen suchte.
– Plötzlich unter allem Tumult fiel der Vorhang; der alte
Heinrich hatte ihn herabgelassen.

5 – – Mich hatte indes zu Hause bei meinen Büchern eine
gewisse Unruhe befallen; ich will nicht sagen, dass mir
Unheil ahnte, aber es trieb mich dennoch fort, den Meinigen nach. – Als ich die Treppe zum Rathaussaal
hinaufsteigen wollte, drängte eben die ganze Menge von
10 oben mir entgegen. Alles schrie und lachte durcheinander. „Hurra! Kasper is dod; Lott is dod. Die Kamedie is
zu End'[2]!" – Als ich aufsah, erblickte ich die schwarzen
Gesichter der Schmidt-Jungen über mir. Sie waren
augenblicklich still und rannten an mir vorbei zur Tür
15 hinaus; ich aber hatte für mich jetzt die Gewissheit, wo
die Quelle dieses Unfugs zu suchen war.

Oben angekommen, fand ich den Saal fast leer. Hinter
der Bühne saß mein alter Schwiegervater wie gebrochen
auf einem Stuhl und hielt mit beiden Händen sein
20 Gesicht bedeckt. Lisei, die auf den Knien vor ihm lag,
richtet sich, da sie mich gewahrte[3], langsam auf. „Nun,
Paul", fragte sie, mich traurig ansehend, „hast du noch
die Kuraschi[4]?"

Aber sie musste wohl in meinen Augen gelesen haben,
25 dass ich sie noch hatte; denn bevor ich noch antworten
konnte, lag sie schon an meinem Halse. „Lass uns nur
fest zusammenhalten, Paul!", sagte sie leise.

– – Und, siehst du! Damit und mit ehrlicher Arbeit sind
wir durchgekommen.

30 – – Als wir am anderen Morgen aufgestanden waren, da
fanden wir jenes Schimpfwort „Pole Poppenspäler" –
denn ein Schimpfwort sollte es ja sein – mit Kreide auf
unsere Haustür geschrieben. Ich aber habe es ruhig aus-
gewischt, und als es dann später noch ein paar Mal an

---

[1] Theaterhimmel, oberer Abschluss der Bühne
[2] Kasper ist tot, Lotte ist tot. Das Lustspiel ist zu Ende (Plattdt.
Volkslied – s. S. 81).
[3] erblicken
[4] süddeutsch: den Mut haben

öffentlichen Orten wieder lebendig wurde, da habe ich einen Trumpf[1] darauf gesetzt; und weil man wusste, dass ich nicht spaße, so ist es danach still geworden. – – Wer dir es jetzt gesagt hat, der wird nichts Böses damit gemeint haben; ich will seinen Namen auch nicht wissen. 5 Unser Vater Joseph aber war seit jenem Abend nicht mehr der Alte. Vergebens zeigte ich ihm die unlautere Quelle jenes Unfugs und dass derselbe ja mehr gegen mich als gegen ihn gerichtet gewesen sei. Ohne unser Wissen hatte er bald darauf alle seine Marionetten auf 10 eine öffentliche Auktion[2] gegeben, wo sie zum Jubel der anwesenden Jungen und Trödelweiber[3] um wenige Schillinge[4] versteigert waren; er wollte sie niemals wiedersehen. – Aber das Mittel dazu war schlecht gewählt; denn als die Frühlingssonne erst wieder in die Gassen 15 schien, kam von den verkauften Puppen eine nach der anderen aus den dunklen Häusern an das Tageslicht. Hier saß ein Mädchen mit der heiligen Genovefa auf der Haustürschwelle, dort ließ ein Junge den Doktor Faust auf seinem schwarzen Kater reiten; in einem Garten in 20 der Nähe des Schützenhofes hing eines Tages der Pfalzgraf Siegfried neben dem höllischen Sperling als Vogelscheuche in einem Kirschbaume. Unserem Vater tat die Entweihung seiner Lieblinge so weh, dass er zuletzt kaum noch Haus und Garten bei uns verlassen mochte. 25 Ich sah es deutlich, dass dieser übereilte Verkauf an seinem Herzen nagte, und es gelang mir, die eine und die andere Puppe zurückzukaufen; aber als ich sie ihm brachte, hatte er keine Freude daran; das Ganze war ja überdies zerstört. Und, seltsam, trotz aller aufgewende- 30 ten Mühe konnte ich nicht erfahren, in welchem Winkel sich die wertvollste Figur von allen, der kunstreiche Kasperl verborgen hatte. Und was war ohne ihn die ganze Puppenwelt!

---

[1] eine hier nicht näher bezeichnete Anspielung, die Paulsen einen Gesprächsvorteil bringt
[2] Versteigerung
[3] Frauen, die Ramsch auf dem Markt verkaufen
[4] Münze ohne großen Wert

Aber vor einem anderen, ernsteren Spiele sollte bald der
Vorhang fallen. Ein altes Brustleiden war bei unserem
Vater wieder aufgewacht, sein Leben neigte sich augenscheinlich zu Ende. Geduldig und voll Dankbarkeit für
5 jeden kleinen Liebesdienst lag er auf seinem Bette. „Ja,
ja", sagte er lächelnd und hob so heiter seine Augen
gegen die Bretterdecke des Zimmers, als sähe er durch
dieselbe schon in die ewigen Fernen des Jenseits, „es is
scho richtig g'wes'n: Mit den Menschen hab ich nit
10 immer könne firti werdn; da droben mit den Engeln
wird's halt besser gehen; und – auf alle Fäll, Lisei, i find
ja doch die Mutter dort." – – Der gute kindliche Mann
starb; Lisei und ich, wir haben ihn bitterlich vermisst;
auch der alte Heinrich, der ihm nach wenigen Jahren
15 folgte, ging an seinen noch übrigen Sonntagnachmittagen umher, als wisse er mit sich selber nicht wohin, als
wolle er zu einem, den er doch nicht finden könne.
Den Sarg unseres Vaters bedeckten wir mit allen Blumen
des von ihm selbst gepflegten Gartens; schwer von
20 Kränzen wurde er auf den Kirchhof hinausgetragen, wo
unweit von der Umfassungsmauer das Grab bereitet
war. Als man den Sarg hinabgelassen hatte, trat unser
alter Propst[1] an den Rand der Gruft und sprach ein Wort
des Trostes und der Verheißung[2]; er war meinen seligen
25 Eltern stets ein treuer Freund und Rater gewesen; ich
war von ihm konfirmiert, Lisei und ich von ihm getraut
worden. Ringsum auf dem Kirchhofe war es schwarz
von Menschen; man schien von dem Begräbnisse des
alten Puppenspielers noch ein ganz besonderes Schau-
30 spiel zu erwarten. – Und etwas Besonderes geschah auch
wirklich; aber es wurde nur von uns bemerkt, die wir
der Gruft zunächst standen. Lisei, die an meinem Arme
mit hinausgegangen war, hatte eben krampfhaft meine
Hand gefasst, als jetzt der alte Geistliche dem Brauche
35 gemäß den bereitgestellten Spaten ergriff und die erste
Erde auf den Sarg hinabwarf. Dumpf klang es aus der
Gruft zurück: „Von der Erden bist du genommen",

---

[1] evangelischer Geistlicher
[2] Ankündigung

erscholl jetzt das Wort des Priesters; aber kaum war es
gesprochen, als ich von der Umfassungsmauer her über
die Köpfe der Menschen etwas auf uns zufliegen sah. Ich
meinte erst, es sei ein großer Vogel; aber es senkte sich
und fiel gerade in die Gruft hinab. Bei einem flüchtigen 5
Umblick – denn ich stand etwas erhöht auf der aufge-
worfenen Erde – hatte ich einen der Schmidt-Jungen sich
hinter die Kirchhofmauer ducken und dann davonlau-
fen sehen und ich wusste plötzlich, was geschehen war.
Lisei hatte einen Schrei an meiner Seite ausgestoßen, 10
unser alter Propst hielt wie unschlüssig den Spaten zum
zweiten Wurfe in den Händen. Ein Blick in das Grab
bestätigte meine Ahnung: Oben auf dem Sarge, zwischen
den Blumen und der Erde, die zum Teil sie schon
bedeckte, da hatte er sich hingesetzt, der alte Freund aus 15
meiner Kinderzeit, Kasperl, der kleine lustige Allerweltskerl[1]. – Aber er sah jetzt gar nicht lustig aus; seinen
großen Nasenschnabel hatte er traurig auf die Brust
gesenkt; der eine Arm mit dem kunstreichen Daumen
war gegen den Himmel ausgestreckt, als solle er verkün- 20
den, dass, nachdem alle Puppenspiele ausgespielt, da
droben nun ein anderes Stück beginnen werde.
Ich sah das alles nur auf einen Augenblick, denn schon
warf der Propst die zweite Scholle in die Gruft: „Und zur
Erde wieder sollst du werden!" – Und wie es von dem 25
Sarg hinabrollte, so fiel auch Kasperl aus seinen Blumen
in die Tiefe und wurde von der Erde überdeckt.
Dann mit dem letzten Schaufelwurfe erklang die tröstli-
che Verheißung: „Und von der Erden sollst du auferste-
hen!" Als das Vaterunser gesprochen war und die Men- 30
schen sich verlaufen hatten, trat der alte Propst zu uns,
die wir noch immer in die Grube starrten. „Es hat eine
Ruchlosigkeit[2] sein sollen", sagte er, indem er liebreich
unsere Hände fasste. „Lasst es uns anders nehmen! In
seiner Jugendzeit, wie Ihr es mir erzählt, hat der selige 35
Mann die kleine Kunstfigur geschnitzt, und sie hat einst
sein Eheglück begründet; später, sein ganzes Leben lang,

[1] tüchtiger Kerl
[2] Gemeinheit

hat er durch sie, am Feierabend nach der Arbeit, gar
manches Menschenherz erheitert, auch manches Gott
und den Menschen wohlgefällige Wort der Wahrheit
dem kleinen Narren in den Mund gelegt; – ich habe
5 selbst der Sache einmal zugeschaut, da Ihr noch beide
Kinder waret. – Lasst nun das kleine Werk seinem Meister folgen; das stimmt gar wohl zu den Worten unserer
heiligen Schrift! Und seid getrost; denn die Guten werden ruhen von ihrer Arbeit[1]."
10 – Und so geschah es. Still und friedlich gingen wir nach
Hause; den kunstreichen Kasperl aber und unseren
guten Vater Joseph haben wir niemals wiedergesehen.
– – Alles das – setzte nach einer Weile mein Freund
hinzu – hat uns manches Weh bereitet; aber gestorben
15 sind wir beiden jungen Leute nicht daran. Nicht lange
nachher wurde unser Joseph uns geboren und wir hatten nun alles, was zu einem vollen Menschenglück
gehört. An jene Vorgänge aber werde ich noch jetzt Jahr
um Jahr durch den ältesten Sohn des schwarzen Schmidt
20 erinnert. Er ist einer jener ewig wandernden Hand-
werksgesellen geworden, die, verlumpt und verkom-
men, ihr elendes Leben von den Geschenken fristen, die
nach Zunftgebrauch auf ihrer Ansprache die Hand-
werksmeister ihnen zu verabreichen haben. Auch mei-
25 nem Hause geht er nie vorbei."
Mein Freund schwieg und blickte vor sich in das Abend-
rot, das dort hinter den Bäumen des Kirchhofs stand; ich
aber hatte schon eine Zeit lang über die Gartenpforte,
der wir uns jetzt wieder näherten, das freundliche
30 Gesicht der Frau Paulsen nach uns ausblicken sehen.
„Hab ich's nit denkt!", rief sie, als wir nun zu ihr traten.
„Was habt Ihr wieder für ein Langes abzuhandeln[2]?
Aber nun kommt ins Haus! Die Gottesgab[3] steht auf

---

[1] „Selig sind die Toten, die in dem Herrn sterben von nun an. Ja, der
Geist spricht, dass sie ruhen von ihrer Arbeit; denn ihre Werke folgen ihnen nach" (Offenbarung 14, 12-13).
[2] hier: ein ernstes Problem lange durchdiskutieren
[3] Essen

dem Tisch; der Hafenmeister is auch schon da; und ein
Brief vom Joseph und der alt' Meisterin!
– – Aber was schaust mi denn so an, Bub?"
Der Meister lächelte. „Ich hab ihm was verraten, Mutter.
Er will nun sehen, ob du auch richtig noch das kleine 5
Puppenspieler-Lisei bist!"
„Ja freili!", erwiderte sie, und ein Blick voll Liebe flog zu
ihrem Mann hinüber. „Schau nur richtig zu, Bub! Und
wenn du es nit kannst find'n, – der da, der weiß es gar
genau!" 10
Und der Meister legte schweigend seinen Arm um sie.
Dann gingen wir ins Haus zur Feier ihres Hochzeitsta-
ges. –
Es waren prächtige Leute, der Paulsen und sein Puppen-
spieler-Lisei. 15

Anhang

1. Biografisches

Theodor Storm (1817–1888) – Biografisches Porträt

Porträtfoto, um 1865

Theodor Storm (geb. 14.9.1817 in Husum, gest. 4.7.1888 in Hademarschen) war der Familientradition gefolgt und studierte Jura in Kiel und Berlin. Erst hier fand er den Weg zum eigenen Schreiben. In Gemeinschaftsarbeit mit seinem Freund, dem Historiker Theodor Mommsen, und dessen Bruder Tycho entstand 1843 das *Liederbuch dreier Freunde.* Aber erst als er nach Abschluss des Studiums in seine Geburtsstadt Husum zurückkehrte, schrieb er seine ersten Novellen, darunter *Immensee,* die ihn bekannt und berühmt machte. Sie eröffnet die Reihe der sogenannten Erinnerungsnovellen, in denen Storm sehnsuchtsvoll auf vergangene Tage zurückschaut.

Nach seinen eigenen Worten ist sein Erzählen aus der Lyrik geboren. Deshalb übt das Musikalisch-Stimmungsvolle, die schlichte Einfachheit in Form und Aussage in seinen Erzählungen auch einen eigenartigen Reiz auf den Leser aus. Sein *Weihnachtslied* und *Knecht Ruprecht* begeisterten ebenso wie das *Oktoberlied, Abseits, Die Stadt, Meeresstrand* und das humorvolle Gedicht *Von Katzen* Generationen von Lesern. Obwohl er sich ansonsten nicht zu gesellschaftlichen und politischen Problemen äußerte, protestierte er öffentlich gegen die Besetzung von Schleswig durch die Dänen. Er wurde daraufhin seines Amtes enthoben und musste Husum verlassen. Erst nach dem für die Dänen verloren gegangenen Krieg kehrte Storm 1864 als Landvogt zurück. Nun begann auch seine große Zeit als Dichter; es entstanden u. a. die Novellen *Viola tricolor, Aquis submersus, Carsten Curator, Hans und Heinz Kirch* oder *Bötjer Basch.* Sein Einfühlungsvermögen in junge Menschen zeigen auch die Novelle *Pole Poppenspäler* und das Märchen *Der kleine Häwelmann.* Untrennbar mit Storms Namen verbunden bleibt sein Meisterstück *Der Schimmelreiter* (1888), die kunstvoll in eine Rahmenhandlung eingebettete Geschichte Hauke Haiens, der sich aus ärmlichen Verhältnissen zum Deichgrafen emporarbeitet und bei einem Dammbruch Frau, Kind und schließlich auch sein eigenes Leben verliert.

Aus: Heinrich Pleticha, dtv junior Literatur-Lexikon, S. 200

Das „Poetenstübchen" in Husum, Wasserreihe 31

Theodor Storms Arbeitszimmer in Husum

Sein Arbeitszimmer, in dem er auch die Novelle *Pole Poppenspäler* verfasste, nannte Theodor Storm „Poetenstübchen". In einem Brief an Fr. Eggers vom 4.6.1868 beschreibt er es folgendermaßen: „Mein Zimmer, das ich mir nach
5 Neubau meines hinteren Hausteils und nach Vermietung der unteren Etage selbst gedichtet habe, mit geschnitzter Balkendecke, roten Wänden mit guten Kupferstichen, meiner selten reichen deutsch-poetischen Bibliothek [...] und einem Wandschrank mit eichenem Rahmen, sowie dem
10 einen von einem schmalen, grünen Wollvorhang eingefassten, der Morgensonne offenen Fenster, das auf die grüne Lindenlaube meines schmalen Gärtchens hinabsieht – ich glaub, es gefiele Ihnen." Dieses Zimmer, das in dieser Schilderung urgemütlich erscheint, entspricht der Erwartung,

die Storm an seine Umgebung stellt, um dichten zu können. Hermine von Preuschen teilt er in einem Brief vom
21.9.1881 mit: „Ich bedarf äußerlich der Enge, um innerlich
ins Weite zu gehen."

Storms Mutter, Lucie Storm, geb. Woldsen (1797–1879) um 1850.
Historisches Foto

Theodor Storm: Brief an seine Eltern vom 8. Februar 1864 aus Heiligenstadt

Die Umstände, die die Begegnung mit Lisei vor dem Heiligen-städter ‚Gefangenhaus' in der Wilhelmstraße begleiten (vgl. S. 47), gehen auf ein persönliches Wintererlebnis zurück, das Storm in einem Brief vom 8.2.1864 an seine Eltern ausführlich beschreibt.

Heiligenstadt, 8. Februar 1864

Vor etwa vier Wochen, da wir die starke Kälte hatten, nach-mittags, hörten wir das laute Weinen eines Kindes auf der Straße; und aus dem Fenster blickend sahen wir, wie drüben
5 im Gefangenhaus der Inspektor ein junges Zigeunerweib mit zwei Kindern mit der Hundepeitsche auf die Straße trieb. Ihr Mann war wegen Diebstahlsverdacht (er wurde wenige Tage später freigegeben) eingezogen; und sie woll-te nun mit Gewalt mit eingesperrt werden. Frierend und
10 weinend irrte sie nun auf der Straße herum, der größe-re Knabe schrie laut nach seinem Vater; die Dämmerung brach schon an und draußen fror es 17 Grad. Die armen Menschen waren ohne Obdach, keine Seele erbarmte sich des Zigeunergesindels. Da haben wir, wie es sich für des
15 Dichters Familie ziemte, die fahrende Heidin mit ihren Kin-dern an unsern Tisch gesetzt und sie mit heißem Kaffee und Semmeln erquickt. Aber dem schwarzhaarigen jungen Weibe wollte es nicht schmecken; sie dachte nur, wie „der da drüben" sich um sie quälen werde. Dass Lucie und den
20 andern Kindern das zigeunerische Reden und der kleine lustige Junge, der sich aus dem Bündel auf ihrem Rücken loslöste, viel Spaß machte, könnt ihr euch wohl denken. – Als nun aber die Leute satt und warm waren, da hatten wir noch nicht viel gewonnen. Nun aber trat Hans in Tätig-
25 keit. Er ging mit ihnen in die kleinen Herberge, zankte sich mit den Wirten; und da keiner sie aufnehmen wollte, ging er aufs Rathaus und dann zum Bürgermeister und endlich hat er sie nach dessen Anweisung persönlich im hiesigen Armenhause untergebracht. Die Frau war schon so mut-
30 los, dass sie sich mit ihren Kindern im Freien vor dem Stadttor niederlegen wollte. Rührend ist es, wie bei solcher

Gelegenheit Ernst sich vor der Herzensgüte seines Bruders beugt und in ihm die moralische Überlegenheit ehrt [...]

Theodor Storm: Das eigene Puppentheater

In diesem Ausschnitt aus seinen Jugenderinnerungen spricht Storm von seiner Begeisterung für das Puppentheater, die sein Vater geweckt hat. „Ich erinnere mich aus meiner Kindheit, was für ein Fest es für uns Kinder war, wenn er uns an Wintersonntagsnachmittagen Puppenspiele vorlas oder vorführte mit Kasperle, Rieke, Tod und Teufel. Die hölzernen, mit grellen Farben bemalten Köpfe stammten von einem Kasperletheater, das mein Bruder Karl als Junge besessen hatte" (G. Storm, S. 29–30). Zur Aufführung gehörte nicht nur der Text, sondern auch die Anfertigung der Puppen und der Kulissen. Mit dem aufregenden Schreiben eigener Stücke, die sein Publikum begeistert haben, hat Storms schriftstellerisches Talent begonnen. In einer Zeit ohne Fernsehen muss diese Beschäftigung ihm und seinen Freunden auf jeden Fall Freude bereitet haben. Die genauen Erinnerungen, die er daran hat, lassen es vermuten.

Einen großen Zeitraum von mehreren Jahren habe ich meine ganze Freizeit außer der Schule mit der Direktion[1] meines Puppentheaters ausgefüllt (*das die Großmutter ihrem zehnjährigen Enkelkinde geschenkt hatte*); zwei Schulkameraden, Krebs und Olhuus, waren dabei meine Gehilfen. Eine 5 alte Jungfer, bei der Olhuus wohnte, half uns die Puppen, die freilich nur von Papier waren, ausschneiden und eiserne

---

[1] Leitung

Drähte daran befestigen. Sie ließ in den Aufführungen den Papageno[1] tanzen und sang dazu mit einer schönen Fistelstimme[2]: „Der Vogelsänger bin ich, ha, hops heisa lustig, hopsassa!", was mir die ungemischteste Freude machte.

5 Das Theater hatten wir anfänglich mitten in der Stube, späterhin zwischen zwei Stuben in der offenen Tür. Alles war so verhangen, dass wir nicht zu sehen waren. Das Geheimnisvolle hatte den größten Reiz für uns. Das Zimmer für die Zuschauer, die meist aus der lieben Nachbarschaft

10 und den Dienstboten bestanden, blieb stets ohne jegliche Beleuchtung, damit das Aufrollen des Vorhangs einen noch zauberhafteren Eindruck machte.

Das erste Stück, das wir aufführten, war aus einer Gedichtsammlung eines gewissen Petzel aus Tönning und stellte die

15 Geburtstagsfeier eines Grafen Rantzau vor. Obgleich die Puppen steif waren, so erntete doch eine jugendliche Figur, welche die junge Gräfin Sophie vorstellte, besonderen Beifall. Ich erinnere mich, dass sie mir besonders lieblich vorkam, sodass ich beinah eine Art fantastischer Neigung für

20 sie bekam. Meine verstorbene Schwester Lucie, die ich von allen Geschwistern am meisten liebte, sprach nach dieser Vorstellung auch öfters von der „niedlichen Gräfin Sophie". Mit Totstechen, wie der „Wilhelm Meister"[3], haben wir nie etwas zu tun gehabt, dagegen gelang uns Donner und Blitz

25 vorzüglich mit Kupferplatten und Hexenpulver. Das zweite Stück, das zur Aufführung gelangte, waren Schillers „Räuber". Bald aber genügten uns die fremden Theaterstücke nicht mehr, auch konnten wir so recht keine finden, die in unseren Kram passten. Gellerts Schäferspiele, die ich zu

30 dem Ende eifrig studierte, schienen mir schließlich doch viel zu altmodisch. Ohlhuus, Krebs und ich beschlossen daher, die dramatischen Sachen selbst zu liefern. Und wirklich, jeder lieferte sein Stück. In meinem spielte Kasperle die Hauptrolle. Er hatte zwei durch den Eigensinn des Vaters

---

[1] Figur aus Mozarts Oper *Die Zauberflöte*
[2] sehr hohe Stimme
[3] Werk Goethes, in dem eine Puppentheateraufführung beschrieben wird (1. Buch, 6. Kap.)

getrennte Liebende zu vereinen. Krebs dagegen ließ einen alten Mann auftreten, der voll Gram über seinen verwilderten, entwichenen Sohn war. Er machte eine Reise, um ihn aufzusuchen. In einem Wald wird er von einem Räuber überfallen und erkennt in ihm seinen Sohn. Nun folgten 5 Reue, Verzweiflung, Versöhnung und – Tränen.

Zur Aufführung dieser Stücke wurden große Vorkehrungen getroffen. Ich malte Felsdekorationen[1] mit unzähligen Uhus, Fledermäusen und Teufeln mit roten Augen.

Aber bald genügten mir die platten Papierpuppen nicht 10 mehr. Ich wollte die Illusion erhöhen und nähte mir mit Baumwolle ausgestopfte Puppen von Batist[2] mit kleinen Puppengesichtern. Mutter und Schwester Helene, die schon einigermaßen nähen konnte, mussten für die Kleider sorgen. [...] Nach diesen mechanischen und Garderobenvorberei- 15 tungen war mein Augenmerk darauf gerichtet, das Äußere des Theaters glänzend einzurichten. Wir verschafften uns einen neuen Vorhang aus rotem Zeug und beklebten das Proszenium[3] mit goldpapiernen Sternen. Ich malte neue Walddekorationen, kaufte für jeden ersparten Schilling Bän- 20 der und Puppenangesichter und vermehrte auf diese Weise die kleine Puppentruppe um ein Beträchtliches. Krebs war eifrig damit beschäftigt, neue Straßendekorationen anzufertigen. Nun ging es uns auf ein Haar wie dem Wilhelm Meister. Über der Beschäftigung mit all den Mitteln vergaßen 25 wir die Aufführung selbst. Wir konnten den großen Zuschnitt unseres neuen Theaters nicht durchführen. Alle die Vorbereitungen sind niemals angewandt worden; mit unserm Puppentheater hatte es ein Ende erreicht. [...]

Aus: Gertrud Storm, Vergilbte Blätter, S. 24-27

---

[1] Kulissen, die die Bühne wie eine Felslandschaft erscheinen ließen
[2] leinenartiges Gewebe
[3] Teil der Bühne zwischen Vorhang und Orchester

2. Lieder

Christoph August Tiedge (1752–1841): Der Kosak und sein Mädchen (1808)

Dieses von Tiedge nachgedichtete Volkslied – das Kosakenlied war unter Rückwanderern beliebt – sollte Kröpel-Lieschen, die keine besondere Stimme besaß, zur Belustigung der Zuhörer vorsingen (vgl. S. 65).

Schö - ne Min - ka, ich muss schei - den; ach, du füh - lest
Tief ver - stum - men mei - ne Lie - der, mei - ne Au - gen

nicht das Lei - den, fern auf freu - de - lo - sen Hei - den
schlag ich nie - der; a - ber seh ich einst dich wie - der,

fern zu sein von dir. Fins - ter wird der Tag mir schei - nen,
dann wird's an - ders sein. Ob auch all die fri - schen Far - ben

ein - sam werd ich gehn und wei - nen, auf den Ber - gen,
dei - ner Ju - gend - blü - te star - ben, ja, mit Wun - den

in den Hai - nen ruf ich Min - ka, dir.
und mit Nar - ben bist du, Sü - ßer, mein.

Aus: Klaaß: Das goldene Buch der Lieder, S. 157

Lott is dot (niederdeutsches Volkslied)

Dieser berühmte Gassenhauer, der in verschiedenen Versionen besteht und nach Bedarf der Situation angepasst wird, existiert hauptsächlich in der mündlichen Überlieferung. Storm bedient sich dieses Refrains ebenfalls, um der Rücksichtslosigkeit des Publikums ein musikalisches Gesicht zu geben. Ohne Mitleid ⁵ erklingt es in den Ohren des alten Puppenspielers, der damit seine künstlerische Laufbahn beendet (vgl. S. 66).

„Lott is dot. Lott is dot, Ju - le liggt in'n Gra - ben."

„Lat eer man, lat eer man, se kummt wol- ler na ba - ben"

Een, twee, dree, veer! In'n Hüp- pen sack, in'n
Fief, sös, söben, acht: Us Mo- der makt de

Hüp - pen - sack, in'n Hüp - pen - sack is Fuer!
Lam - pen ut un seggt us go - de Nacht!

Hochdeutsche Übersetzung: Lott ist tot, Lott ist tot, Jule liegt im Graben. Lass sie mal, lass sie mal, sie kommt schon wieder hoch. Eins, zwei, drei, vier, im Hüpfsack, im Hüpfsack, im Hüpfsack ist Feuer! Fünf, sechs, sieben, acht, unsere Mutter macht die Lampen aus und sagt uns gute Nacht! ⁵

Mündlich überliefert; Text und Melodie niedergeschrieben von Volker Bublitz, Büsum

Klaus Hoffmann: Der König der Kinder

Klaus Hoffmann besingt in diesem Chanson des französischen Sängers Jean Ferrat das Schicksal eines Straßenkünstlers, der im Laufe der Zeit erlebt, wie seine einst so kräftige Stimme die Kinder nicht mehr herbeizulocken vermag. Wie der Puppenspieler muss auch er erdulden, wie eine Lebensära zu Ende geht.

Der König der Kinder

Eines Tag's in meiner Straße,
es begann wie jeden Tag,
Kinder auf den Stiegen[1] saßen,
5 schauten auf wie jedes Mal,
wenn der Alte durch den Regen
seinen Leierkasten[2] schob,
zu schwach die Füße zu bewegen,
seinen Kopf zum Singen hob.

10   Dann war er König dieser Kinder,
er war ein Troubadour[3] für sie.

Oftmals ging ein feines Lächeln
um den alten verknitterten Mund,
wenn die Kinder ihn umstanden,
15 brüllten mit aus vollem Schlund[4].

        Dann war er König dieser Kinder,
er war ein Troubadour für sie.

Und auch ich stand oft daneben,
20 brüllte mit voll Leidenschaft.
In seiner Stimme war ein Beben,
wenn er sang mit letzter Kraft.

---

[1] schmale, steile Treppe
[2] Drehorgel
[3] Minnesänger aus dem Mittelalter
[4] Kehle

Später sah ich ihn dann wieder
auf dem Hof von nebenan.
Bitter sang er seine Lieder,
verbrannt und voller Gram.
Und kein Kind stand mehr daneben 5
mit off'nem Mund voll Seligkeit,
in seiner Stimme war kein Beben,
vorbei die ganze Herrlichkeit.

Er war ein König dieser Kinder,
er war ein Troubadour für sie. 10

Aus: Klaus Hoffmann: Ich will Gesang, will Spiel und Tanz, 1977

3. Schauplätze und Zeichnungen

Der Schützenhof in Husum, Süderstraße

In der Novelle wird häufig auf den Schützenhof hingewiesen. Dieses weiße Haus (auf dem Foto im Vordergrund), das etwas modernisiert auch heute noch steht, befindet sich in der Husumer Süderstraße 42. Im großen Saal im ersten Stock erweckte der Mechanikus seine Puppen zum Leben. Im Hintergrund sieht man im Stadtzentrum den Kirchturm.

Der Schützenhof

Das Haus von Pole Poppenspäler

Etwa hundert Meter entfernt vom Schützenhof befand sich auf derselben Seite der Süderstraße das Haus mit der Nummer 64, die sogenannte Schneiderherberge, die heute nicht mehr existiert. Gegenüber standen Bürgerhäuser, die auf dem unten stehenden Foto zu sehen sind. In einem solchen Haus wird die Puppenspieler-Familie gewohnt haben. „Auf der Bank unter der großen Linde seines Gärtchens" (vgl. S. 7) erzählt der Mechanikus dem jüngeren Freund seine Lebensgeschichte.

Das Haus von Pole Poppenspäler

Das Gefangenhaus in Heiligenstadt (Thüringen)

*Vor dem „Gefangenhaus" in der Wilhelmstraße links gegen-
über Storms Wohnung saß die Bettlerin, in der Paul Paulsen
seine Jugendfreundin, „das kleine Puppenspieler-Lisei", erkennt
(s. S.-48). Das autobiografische Erlebnis ist in Storms Brief an
seine Eltern (s. S. 76) nachzulesen.*

Die Wilhelmstraße in Heiligenstadt

Wilhelm M. Busch: Illustrationen

Der Schlesier Wilhelm M. Busch, der an der Hochschule der Bildenden Künste in Berlin studierte, hat einzelne Situationen aus der Novelle für die Ausgabe von 1947 im Verlag Der Quell (Münster) lebendig gezeichnet. Seine Illustrationen charakterisieren mit besonderem Charme Augenblicke, die Leser wie Beobachter verzaubern.

Der Puppenspieler

Kasperl

Kinder
bei der
Aufführung

„So saß ich auch eines Nachmittags –
[...] – und schrieb für den Rechenmeister
meine Algebra-Exempel auf die
Tafel, als ich unten von der Straße
ein seltsames Gefährt he-
raufkommen sah. Es war ein
zweirädriger Karren, der
von einem kleinen rauen
Pferde gezogen wurde."
(S. 8)

„Der alte Gabriel
stand wie immer in seinem
pfeffer- und salzfarbenen Rock
hinter dem Ladentisch, und als ich
ihm unser Anliegen deutlich
gemacht hatte, kramte er gutmütig einen Haufen „Rester"
auf den Tisch zusammen."
(S. 14)

„Da wurde ich von einem Lachen aufgeweckt, das über meinem Kopfe erschallte; vielleicht auch von dem Lichtschein, der mir plötzlich in die Augen fiel. ‚Nun seh mir einer dieses Vogelnest!‘, hörte ich die Stimme meines Vaters sagen, und dann etwas barscher: ‚Steig heraus, Junge!‘“
(S. 35)

„In der Mitte der Zelle, mit dem Rücken gegen uns, stand die Gestalt eines kleinen mageren Mannes, der nach dem Stückchen Himmel hinaufzublicken schien, das grau und trübselig durch ein oben in der Mauer angebrachtes Fenster auf ihn herabdämmerte.“

(S. 52)

Das Begräbnis

Die Umfassungsmauer

Der Husumer Fotograf Hans Ahrenstorf, der im Schimmelreiter-Film von 1934 als Knecht Carsten mitgewirkt hat, hat schon früh Motive aus Storms Werk in seiner Heimatstadt festgehalten, deren Spuren heute verwischt sind. So entstand dieses Bild des Kirchhofs, „wo unweit von der Umfassungsmauer das Grab bereitet war" (S. 68).

Die Umfassungsmauer

Schülerzeichnung

Aus der Feder einer Schülerin entstand die umseitige Zeichnung, die eine Interpretation der Stimmung der Begräbnisszene vorschlägt: „Oben auf dem Sarge, zwischen den Blumen und der Erde, die zum Teil sie schon bedeckte, da hatte er sich hingesetzt, der alte Freund aus meiner Kinderzeit, Kasperl, der kleine lustige Allerweltskerl" (S. 69). Die Melodie des Liedes, das während der letzten Aufführung spöttisch eingestimmt wurde, scheint noch zu ertönen.

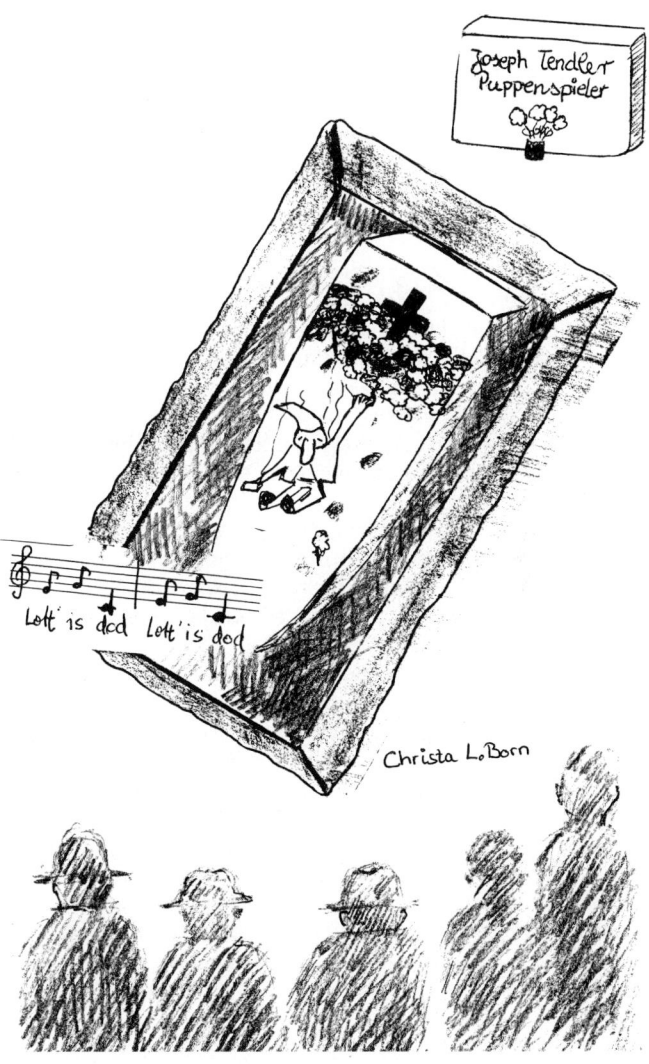

Christa L. Born

4. Das Puppentheater

Gottfried Keller: Aufführung eines Puppenspiels[1]

In Gottfried Kellers Roman Der grüne Heinrich *wohnt der junge Erzähler Heinrich Lee einer Puppenspielaufführung bei. Seine Begeisterung für das bunte Treiben auf der Bühne ist grenzenlos. Storm kannte diesen Roman, als er seine Novelle schrieb. Die Anleihen bei dem Schweizer Schriftsteller (1819–1890) gewähren Einblick in Storms eigene schriftstellerische Werkstatt.*

Elftes Kapitel

Über solchen Missgeschicken verleidete mir die einsame Beschäftigung im Hause und ich schloss mich nun einigen Knaben an, welche sich gut zu unterhalten schienen, indem
5 sie in einem großen alten Fasse Komödie spielten. Sie hatten einen Vorhang davorgezogen und ließen eine begünstigte Anzahl Kinder respektvoll harren, bis sie ihre geheimnisvollen Vorbereitungen geendet. Dann wurde das Heiligtum geöffnet, einige Ritter in papiernen Rüstungen führten
10 ein gedrängtes Zwiegespräch tüchtiger Schimpfreden, um sich darauf schleunigst durchzubläuen und unter dem Fallen des durchlöcherten Teppichs tot hinzustrecken. Ich wurde bald eingeweiht als ein anstelliger Junge und brachte vor allem einen bestimmten Stoff in das Fass, indem ich
15 kurze Handlungen aus der Biblischen Geschichte oder den Volksbüchern auszog und die vorkommenden Reden wörtlich abschrieb und durch einige Wendungen verband. Ich fand auch, dass es wünschbar wäre, wenn die Helden einen besonderen Eingang hätten, um vorher ungesehen
20 auftreten zu können. Deshalb wurde in die Hinterwand ein Loch gesägt, geschnitten und gekratzt, bis ein Wohlgewappneter bescheiden durchkriechen konnte, was sehr possierlich aussah, wenn er mit seinen donnernden Reden
25 begann, ehe er sich völlig aufgerichtet hatte. Sodann wurden grüne Zweige geholt, um das Innere des Fasses in einen Wald umzuwandeln; ich nagelte sie ringsherum fest und ließ

---

[1] Die Überschrift stammt vom Herausgeber dieser Ausgabe.

nur oben das Spundloch[1] frei, durch welches überirdische Stimmen herniederzuschallen hatten. Ein Knabe brachte eine ansehnliche Tüte Theatermehl und hiermit ein neues prächtiges Element in unsere Bestrebungen.

Eines Tages wurde *David und Goliath* gegeben. Die Philister 5 standen auf dem Plane, führten sich heidnisch auf und traten vor das Fass hinaus in das Proszenium. Dann krochen die Kinder Israel herein, lamentierten und waren verzagt und traten auf die andere Seite des Einganges, als Goliath, ein großer Bengel, erschien und übermütige Possen machte 10 zum großen Gelächter beider Heere und des Publikums, bis David, ein unterwachsener, bissiger Junge, plötzlich dem Unfug ein Ende machte und dem Riesen aus seiner Schleuder, die er trefflich führte, eine große Rosskastanie an die Stirne schleuderte. Darüber wurde dieser wütend und 15 hieb dem David ebenso derb auf den Kopf und sogleich waren beide im heftigsten Raufen ineinander verknäuelt. Die Zuschauer und die beiden Chöre klatschten Beifall und nahmen Partei; ich selbst saß rittlings oben auf dem Fasse, ein Lichtstümpfchen in der einen und eine tönerne Pfeife 20 mit Kolophonium[2] in der andern Hand, und blies als Zeus gewaltige ununterbrochene Blitze durch das Spundloch hinein, dass die Flammen durch das grüne Laub züngelten und das Silberpapier auf Goliaths Helm magisch erglänzte. Dann und wann guckte ich schnell durch das Loch hinunter, 25 um dann die tapfer Kämpfenden ferner wieder mit Blitzen anzufeuern, und hatte kein Arges, als die Welt, welche ich zu beherrschen wähnte, plötzlich auf ihrem Lager wankte, überschlug und mich aus meinem Himmel schleuderte; denn Goliath hatte endlich den David überwunden und mit 30 Gewalt an die Wand geworfen. Es gab ein großes Geschrei, der Eigentümer des Fasses kam herbei und schloss das rollende Haus, nicht ohne Schelten und ausgeteilte Püffe, als er die willkürlichen Veränderungen entdeckte, welche angebracht waren. 35

---

[1] Loch im Fass zum Ein- und Abfüllen der Flüssigkeit
[2] Naturharz, das gewöhnlich zur Herstellung von Klebstoffen, Lakken, Farben u.a. verwendet wird

Jedoch vermissten wir dies verbotene Paradies nicht allzu-
sehr, da bald darauf eine deutsche Schauspielergesellschaft
in unsere Stadt kam, um mit obrigkeitlicher Bewilligung vor
den Bewohnern das leichte Haus der Leidenschaft in einem
5 vollkommeneren Maße aufzubauen, als bisher von Liebhabern und Kindern geschehen war. Der wandernde Künst-
lerverein schlug seinen Sitz in einem Gasthause der Stadt
auf, wandelte den geräumigen Tanzsaal in ein Theater um
und füllte zugleich alle bescheideneren Zimmer und Räume
10 mit seinem häuslichen Leben. Nur der Direktor bewohnte
vornehm ein glänzenderes Gemach.
Übrigens zog uns das belebte Haus nicht nur während der
abendlichen Vorstellungen an, sondern wir hatten auch während des Tages genug vor demselben zu stehen und zu beob-
15 achten, teils um die bewunderten Helden und Königinnen in
ihrer verwegenen und anmutigen Tracht und Haltung aus-
und eingehen zu sehen, teils um keine Maschine, keinen Korb
mit roten Mänteln und Degen, kein Requisit aus den Augen
zu verlieren, welches hineingetragen wurde. Vorzüglich hiel-
20 ten wir uns auch vor einem offenen Hintergebäude auf,
wo ein kühner Maler inmitten einer Anzahl Töpfe, aufrecht
stehend und die eine Hand in der Hosentasche, mit einem
unendlich verlängerten Pinsel Wunder auf das ausgebreitete
Tuch oder Papier warf. Ich erinnere mich deutlich des tiefen
25 Eindruckes, welchen die einfache und sichere Art auf mich
machte, mit welcher er duftige und durchsichtige weiße Vor-
hänge um die Fenster eines roten Zimmers zauberte; mit
den wenigen weißen, wohlangebrachten Strichen und Tupfen
auf dem roten Grunde ging ein Licht in mir auf, der ich vor
30 solchen Dingen, wenn sie in der nächtlichen Beleuchtung
vor mir standen, begriffslos gestaunt hatte. Es dämmerte die
erste Einsicht in das Wesen der Malerei; das freie Auftragen
von dichten, deckenden Farben auf durchsichtige Unterla-
gen machte mir vieles klar; ich begann nachher der Grenze
35 dieser zwei Gebiete nachzuspüren, wo ich ein Gemälde zu
sehen bekam, und meine Entdeckungen hoben mich über
den wehrlosen Wunderglauben hinaus, welcher es aufgibt,
jemals dergleichen selbst zu verstehen.
An den Abenden, wo gespielt wurde, waren wir vollzählig
40 und unfehlbar auf unserm Platze und schlichen wie die Kat-

zen um das Gebäude herum. Da ich bei der Sparsamkeit meiner Mutter keine Möglichkeit sah, auf legalem Wege in das Innere des Kunsttempels zu gelangen, so befand ich mich doppelt wohl bei meinen Genossen der Armenschule, welche ebenfalls darauf angewiesen waren, entweder durch 5 kleine Dienstleistungen oder durch verwegene Schlauheit durchzuschlüpfen. Es gelang mir auch mehrere Male, mich mit klopfendem Herzen in den angefüllten Saal zu schleichen, und überflog mit befriedigten Blicken die Dekorationen, wenn der Vorhang aufging, dann die Kostüme und 10 Trachten der Spieler, um endlich, nachdem schon Erkleckliches gesprochen war, mich in das Studium der Fabel zu vertiefen. Ich war bald ein großer Kenner und disputierte reichlich, unter angenommener Kaltblütigkeit, mit meinen Freunden. Dieser Zwiespalt, die angenommene kennerhafte 15 Ruhe und das unausbleibliche leidenschaftliche Hingeben auch an das verworfenste Stück, fing an mich zu ärgern, und ich sehnte mich auch sonst, mit einem Schlage hinter die Kulissen zu kommen und das berückende Spiel und seine Spieler wie ihre Mittel in der Nähe zu besehen; denn es 20 bedünkte mich, dass es dort besser zu leben sein müsse als irgendwo in der Welt, leidenschaftslos und überlegen. Doch dachte ich nicht so leicht an eine Erfüllung meines Wunsches, als ein günstiger Stern dieselbe unverhofft darbrachte.

Gottfried Keller: Der grüne Heinrich, I. Teil, II. Kap., S. 99–103

Gottfried Keller: Allein in der Kulisse[1]

Auch in diesem Auszug aus dem Grünen Heinrich *(1879/80)
fallen die Parallelen zu Storms Novelle auf. Hier begleiten wir
den Erzähler, der als Meerkatze in der Aufführung des* Faust
*mitspielen darf und das Spiel auf und hinter der Bühne haut-
nah erleben kann. Die Idee einer Nacht im Puppenraum
(S.-32 ff.) hat Storm von Keller übernommen.*

Ich hatte bisher über meinen Betrachtungen die zutage
getretene Dekoration der Hexenküche übersehen und
daher vieles nachzuholen; denn die fantastischen Dinge um mich her, die Zerrbilder und Gespenster reizten
5 mich sowohl, wie das Treiben Mephistos, der Hexe und der
anderen Meerkatzen. Als ob ich nicht selbst eine Meerkatze wäre und meine Aufgabe zu erfüllen hätte, vergaß ich
ganz die eingelernten Sprünge und Possen und sah ruhig
und selbstvergessen den anderen zu. Nun schaute Faust
10 voll Entzücken in den Zauberspiegel und es nahm mich
höchlich wunder, was es dort zu sehen gebe. Indem ich in
der gleichen Richtung nachahmend hinsah, gingen meine
Blicke an dem leeren, gemalten Spiegel vorbei hinter die
Kulisse und entdeckten dort in der Wirrnis des jenseitigen
15 Lebens das Bild, welches Faust zu sehen vorgab. Gretchen
war unterdessen auf die Bühne gekommen und legte sich,
einige tief bewegte Worte nach rückwärts rufend, eben die
letzte Schminke auf, nachdem sie sich Augen und Wangen
mit einem weißen Tuche sorglich und fest getrocknet, als ob
20 sie geweint hätte. Es war eine sehr schöne Frau, von welcher ich kein Auge mehr abwandte, ungeachtet der heim-
lichen Püffe und Schelten, welche ich von meinen fleißigen
Mitmeerkatzen erhielt. So verlangte ich, der ich mich vorher nach dieser höheren Sphäre gesehnt hatte, nun nichts
25 weiter, als dorthin zurückzukehren, wo die volle schöne
Frauengestalt wandelte.
Die Zeit unseres Wirkens ging endlich vorüber, und ich
machte meinen ersten und einzigen guten Sprung, als ich
leidenschaftlich vom Schauplatze abtrat oder sprang und

---

[1] Die Überschrift stammt vom Herausgeber dieser Ausgabe.

mich möglichst in die Nähe des gesehenen Bildes zu bringen suchte. Aber in demselben Augenblicke befand sie sich
ihrerseits einsam in der Handlung, und ich konnte sie nur
wieder von ferne sehen.
Sie schien irgendeinen tiefen Verdruss in sich zu tragen und 5
daher war ihr Spiel halb aus Anmut und halb aus sichtba-
rem Zorne gemengt. Diese Mischung brachte zwar kein
gutes Gretchen hervor, aber sie verlieh der Spielerin einen
eigentümlichen Reiz; ich nahm Partei für sie gegen ihre
unbekannten Feinde und dachte mir sogleich den Roman 10
aus, in welchen sie etwa verwickelt sein möchte. Doch
löste sich dieses flüchtige Gespinste bald auf und ver-
schmolz sich mit der dargestellten Dichtung, als Gretchens
Schicksal tragisch wurde. Als sie im Kerker auf dem Stroh
lag und nachher irre redete, spielte sie so meisterhaft, dass 15
ich furchtbar erschüttert ward und doch in durstig heißer
Aufregung das Bild des im grenzenlosesten Unglücke ver-
sunkenen Weibes in mich hineintrank; denn ich hielt das
Unglück für wirklich und war ebenso erstaunt als gesät-
tigt durch die Szene, welche an Stärke alles übertraf, was 20
ich bisher gesehen oder gehört hatte. Der Vorhang war
gefallen und alles lief auf dem Theater bunt durcheinander,
während ich einigen Papieren nachschlich, welche ich in den
Händen des Direktors und der Künstler vorhin bemerkte
und in einem Winkel hinter einer gemalten Mauer fand. Ich 25
gelüstete sehr, Einsicht zu nehmen von dem Geschriebenen,
welches so große Wirkung hervorgebracht; daher war ich
bald in das Lesen der Rollen versenkt. Aber obgleich ich
die körperlichen Erscheinungen gefasst empfunden hatte,
so waren doch nun die geschriebenen Worte, als die Zei- 30
chensprache eines gereiften und großen männlichen Gei-
stes, dem unwissenden Kinde vollkommen unverständlich;
der kleine Eindringling fand sich bescheidentlich wieder vor
die verschlossene Türe einer höheren Welt gestellt, und
ich schlief über meinen Forschungen schnell und fest ein. 35
Als ich wieder erwachte, war das Theater leer und still, die
Lampen ausgelöscht und der Vollmond goss sein Licht zwischen den Kulissen über die seltsame Unordnung herein.
Ich wusste nicht, wie mir geschah, noch wo ich mich befand;
doch als ich meine Lage erkannte, ward ich voll Furcht 40

und suchte einen Ausgang, fand aber die Türen verschlossen, durch welche ich hereingekommen war. Nun schickte ich mich in das Geschehene und begann von Neuem, alle Seltsamkeiten dieser Räume zu untersuchen. Ich betastete
5 die raschelnden, papiernen Herrlichkeiten und legte das Mäntelchen und den Degen des Mephistopheles, welche auf einem Stuhle lagen, über meinen Meerkatzenhabit um. So spazierte ich in dem hellen Mondscheine auf und nieder, zog den Degen und fing an zu gestikulieren. Dann entdeck-
10 te ich die Maschinerie des Vorhanges und es gelang mir, denselben aufzuziehen. Da lag der Zuschauerraum dunkel und schwarz vor mir, wie ein erblindetes Auge, ich stieg in das Orchester hinab, wo die Instrumente umherlagen und nur die Violinen sorgfältig in Kästchen verschlossen
15 waren. Auf den Pauken lagen die schlanken Hämmer, welche ich ergriff und zagend gegen das Fell schlug, dass es einen dumpf grollenden Ton gab. Jetzt wurde ich kühner und schlug stärker, bis es zuletzt wie ein Gewitter durch den leeren, mitternächtlichen Saal hallte. Ich ließ den Donner
20 anschwellen und wieder abnehmen, und wenn er verklang, so dünkten mich die unheimlichen Pausen noch schöner als das Geräusch selbst. Endlich erschrak ich über meinem Tun, warf die Schlegel hin und getraute mir kaum, über die Bänke des Parterre hinwegzusteigen und mich zuhinterst
25 an der Wand hinzusetzen. Ich fror und wünschte zu Hause zu sein, auch ward es mir bange in meiner Einsamkeit. Die Fenster in diesem Teile des Saales waren dicht verschlossen, sodass nur die Bühne, welche immer noch den Kerker vorstellte, durch das Mondlicht magisch beleuchtet war. Im
30 Hintergrunde stand das Pförtchen noch offen, wo Gretchen gelegen hatte, ein bleicher Strahl fiel auf das Strohlager; ich dachte an das schöne Gretchen, welches nun hingerichtet sein werde, und der stille, mondhelle Kerker kam mir zauberhafter und heiliger vor als dem Faust einst Gretchens
35 Kammer. Ich stützte meinen Kopf auf beide Hände und sah mit sehnenden Blicken hinüber, besonders in die vom Lichte halb bestreifte Vertiefung, wo das Stroh lag. Da regte es sich im Dunkel, atemlos sah ich hin, und jetzt stand eine weiße Gestalt in jenem Winkel; es war Gretchen, wie ich
40 sie zuletzt gesehen hatte. Mich schauerte es vom Wirbel

bis zur Zehe, meine Zähne schlugen zusammen, während doch ein mächtiges Gefühl glücklicher Überraschung mich durchzuckte und erwärmte. Ja, es war Gretchen, es war ihr Geist, obgleich ich in der Entfernung ihre Züge nicht unterscheiden konnte, was die Erscheinung noch geisterhafter 5 machte. Sie schien mit dunklen Blicken in dem Raume umherzusuchen, ich richtete mich empor, es zog mich vorwärts, wie mit gewaltigen, unsichtbaren Händen, und während mein Herz hörbar klopfte, schritt ich über die Bänke gegen das Proszenium hin, jeden Schritt einen Augenblick 10 anhaltend. Die Pelzumhüllung machte meine Füße unhörbar, sodass mich die Gestalt nicht bemerkte, bis ich, an dem Souffleurkasten hinaufklimmend, in meiner befremdlichen Tracht vom ersten Mondstrahle bestreift wurde. Ich sah, wie sie entsetzt ihr glühendes Auge auf mich richtete und, 15 doch lautlos, zusammenfuhr. Einen leisen Schritt trat ich näher und hielt wieder ein; meine Augen waren weit geöffnet, ich hielt die Hände zitternd erhoben, indes ich von einem frohen Feuer des Mutes durchströmt, auf das Phantom losging. Da rief es mit gebieterischer Stimme: „Halt, 20 kleines Ding! Was bist du?" und streckte drohend den Arm gegen mich aus, dass ich fest auf der Stelle gebannt blieb. Wir sahen uns unverwandt an; ich erkannte jetzt ihre Züge wohl, sie hatte ein weißes Nachtkleid umgeschlagen, Hals und Schultern waren entblößt und gaben einen milden 25 Schein, wie nächtlicher Schnee. Ich witterte alsogleich das warme Leben, und der abenteuerliche Mut, den ich dem Gespenste gegenüber empfunden hatte, verwandelte sich in die natürliche Blödigkeit vor dem lebendigen Weibe. Sie hingegen war immer noch zweifelhaft über meine dämoni- 30 sche Erscheinung und sie rief daher noch einmal: „Wer seid Ihr, kleiner Bursch?" Kleinlaut antwortete ich: „Ich heiße Heinrich Lee und bin eine von den Meerkatzen; man hat mich hier eingeschlossen!"

Da trat sie auf mich zu, streifte meine Maske zurück, fasste 35 mein Gesicht zwischen ihre Hände und rief, indem sie laut lachte: „Herr Gott! Das ist die aufmerksame Meerkatze! Ei, du kleiner Schalk! Bist du es, der den Lärm gemacht hat, als ob ein Gewitter im Hause wäre?" „Ja!", sagte ich, indem meine Augen fortwährend auf dem weißen Raume ihrer 40

Brust hafteten und mein Herz zum ersten Male wieder so
andächtig erfreut war wie einst, wenn ich in das glänzende
Feld des Abendrotes geschaut und den lieben Gott darin
geahnt hatte. Dann betrachtete ich in vollkommener Ruhe
5 ihr schönes Gesicht und gab mich unbefangen dem süßen
Eindrucke ihres reizenden Mundes hin. Sie sah mich eine
Weile still und ernsthaft an, dann sprach sie: „Mich dünkt,
du bist ein guter Junge; doch wenn du einst groß geworden,
wirst du ein Lümmel sein wie alle!" Und hiermit schloss
10 sie mich an sich und küsste mich mehrere Male auf meinen Mund, der nur dadurch leise bewegt wurde, dass ich
heimlich, von ihren Küssen unterbrochen, ein herzliches
Dankgebet an Gott richtete für das herrliche Abenteuer.
Hierauf sagte sie: „Es ist nun am besten, du bleibest bei
15 mir, bis es Tag ist; denn Mitternacht ist längst vorüber!"
Und sie nahm mich bei der Hand und führte mich durch
einige Türen in ihr Zimmer, wo sie vorher schon geschlafen
hatte und durch mein nächtliches Spuken geweckt worden
war. Dort ordnete sie am Fußende ihres Bettes eine Stelle
20 zurecht, und als ich darauf lag, hüllte sie sich dicht in einen
sammtnen Königsmantel, legte sich der Länge nach auf
das Bett und stütze ihre leichten Füße gegen meine Brust,
dass mein Herz ganz vergnüglich unter denselben klopfte.
Somit entschliefen wir und glichen in unserer Lage nicht
25 übel jenen alten Grabmälern, auf welchen ein steinerner
Ritter ausgestreckt liegt mit einem treuen Hunde zu Füßen.

Gottfried Keller: Der grüne Heinrich, 1. Teil, 11. Kap., S. 106–111

Karl von Holtei:
Die Geheimnisse einer Puppenspielertruppe[1]

In seinem Roman Die Vagabunden *(1852) beobachtet Karl von Holtei (1798–1880) das bewegte Leben der Puppenspieler. In diesem Auszug werden ihre Lebens- und Arbeitsbedingungen deutlich. Da geistiges Eigentum damals nicht geschützt war, mussten sie ständig befürchten, dass eifrige und begeisterte Zuschauer für eigene Aufführungen an ihren Texten geistigen Diebstahl begingen und so ihren Broterwerb gefährdeten.*

Madame Dreher saß am Nähtisch, ein Purpurgewand mit goldenen Borten zu schmücken, für ihren zwei Schuh langen Kriegsobersten, den weltberühmten Herrn Holofernes; es sollte die „Belagerung von Bethulia" aufgeführt werden. Wie Anton eintrat, sprang sie auf, als ob sie gewaltig von 5 ihm erschrocken sei; ihre bleichen Wangen wurden noch bleicher; ihre dunklen großen Augen erglühten in unheimlichem Feuer; sie betrachtete den Eintretenden mit peinlich-scharfen Blicken, als wollte sie, nachdem sie nun erst überzeugt, dass er es wirklich sei, sich auch versichern, ob 10 er nicht augenblicklich wieder verschwinden werde. Teils diese krankhafte Aufmerksamkeit auf jede seiner Bewegungen, teils eine unbestimmte Erinnerung, der kranken, elend aussehenden Frau schon einmal irgendwo begegnet zu sein, ohne doch im Entferntesten zu ahnen, wie, wo und 15 wann, dies machte Anton so verlegen, dass er dringend nach Herrn Dreher fragte, als wenn er diesem die wichtigsten Mitteilungen zu machen hätte.

„Mein Mann kommt erst eine Stunde vor Beginn der Vorstellung heim; wenn Sie sich so lange gedulden könnten? 20 …"

Und bei diesen Worten zitterte die Frau vor Erwartung, was er darauf erwidern werde.

„Sie scheinen sich sehr übel zu befinden", sagte er; „vielleicht ist es Ihnen angenehmer, wenn ich mich jetzt ent- 25

---

[1] Die Überschrift stammt vom Herausgeber dieser Ausgabe.

ferne, um später nachzufragen? Ich habe durchaus kein
Geschäft mit Ihrem Manne. Mich führte nichts hierher als
die Freude, die ich gestern beim Anhören des „verlore-
nen Sohnes" empfunden, und der Trieb, diese Freude dem
5 Schöpfer derselben mitzuteilen."
„Vielleicht würde mein Mann nicht verstehen, was Sie damit
sagen wollen. Ja, er würde vielleicht argwöhnen, es verberge
sich Spott hinter Ihrer Teilnahme. Für den Mechanismus
seiner kleiner Figuren ist er gelobt zu werden gewöhnt. Die
10 Stücke, die wir aufführen, hält er selbst für albernes Zeug
und würde sich, fürcht ich, wundern, wenn man käme, ihm
das Gegenteil zu sagen."
„Nicht möglich! Wie ist er dann imstande, so vortrefflich
zu reden und namentlich dem Kasperle einen solchen Grad
15 von Vollkommenheit einzuhauchen?"
„Mit dem Kasperle ist es ein anderes; der geht ihm von
Herzen: Das ist der eigentliche Ausdruck seiner eigentümlichen, vaterländischen Derbheit und Schelmerei. Wie Sie ihn
den Kasperle sprechen hörten, höre ich ihn selbst stündlich
20 mit mir sprechen. Dagegen sind ihm die ernsten Personen
unserer Schaustücke zur Last; was er mit Helden, Königen,
Vätern und Liebhabern eigentlich anfangen soll, weiß er
niemals. Früher hat er einen Gefährten gehabt, einen ver-
unglückten Schauspieler, der diese Partien übernommen
25 und durchgeführt. Dieser Mann jedoch ist ihm entlaufen,
hat ihn böslich verlassen und seine erste Frau bei Nacht
und Nebel mit sich genommen. An die Stelle der Letzteren
bin ich getreten; – der Platz des tragischen Schauspielers ist
noch nicht ausgefüllt. Ich wünschte sehr, dass sich jemand
30 dafür fände; wir wollten ihn gut bezahlen. Mein armer Mann
muss sich schwer anstrengen: Die Führung und Lenkung der
Puppen ist keine Kleinigkeit; sie nimmt alle Körperkräfte in
Anspruch, und daneben so viel zu reden greift furchtbar
an. Für einen Mann von beinahe siebzig Jahren ist das zu
35 viel: ich bin so leidend und schleiche so matt und hinfällig
einher, dass ich wenig tun kann, seine Mühen zu erleichtern.
Gerade heute bin ich besorgt, wie es gehen wird; ich befand
mich schon den Tag über schlechter als bisher und dann ist
noch – – noch ein unerwartetes Ereignis dazugekommen,
40 welches mich sehr ergriffen hat. Nun soll ich, weil in dem

heutigen Stück verschiedene Figuren zugleich erscheinen,
meinem Manne die Leitung der Judith abnehmen, was ich
gar nicht verstehe und was er leicht ohne Beihilfe abma-
chen könnte, wenn nicht seine Aufmerksamkeit zugleich auf
die vielen Nebenpersonen, die er sprechen lassen muss, in 5
Anspruch genommen wäre."
Anton, der sich anfänglich vor den großen, starren, auf ihn
gehefteten Augen ein wenig entsetzte, wurde nach und nach
durch die heisere, umschleierte, vielleicht eben deshalb so
tief in sein Herz dringende Stimme der kranken Frau für sie 10
gewonnen. Jene Wehmut, die ihn gestern Abend berührt, da
sie im Namen der figurierenden Puppen geredet, stellte sich
jetzt wieder bei ihm ein, wo sie in ihrem eigenen Namen zu
ihm sprach. Er bot sich freundlich dar zu der gewünschten
Aushilfe und erklärte sich bereit, einige Rollen zu über- 15
nehmen, möchten es nun belagerte Israeliten, möchten es
Kriegshelden sein, aus der Truppe des Holofernes, so man
seinem geringen Darstellungstalente anvertrauen wolle.
Dir Frau lächelte ihn durch Tränen an.
„Deuten Sie auf einen Scherz, den Sie sich heute mit sich 20
– und mit uns machen wollen? Oder verbirgt sich hinter
ihrem Anerbieten eine Absicht für die Zukunft? Sie müssen diese letztere Frage nicht übel nehmen; weiß ich doch
so gar nicht, wen ich die Ehre habe bei mir zu sehen, und
inwiefern Ihre Verhältnisse diese meine unbescheidene Aus- 25
legung Ihres vielleicht unüberlegten Anerbietens gestatten?
Wäre es möglich, dass sie –"
Hier stockte ihre Stimme, von Tränen bedrängt. Zugleich
strahlte ihr abgemagertes, in Gram und Leid verfallenes
Gesicht in freudiger Verklärung, sodass Anton aufs Neue in 30
Schrecken geriet und, die voreilige Äußerung fast bereuend,
schon wieder an schnellen Rückzug dachte.
Da trat, im rechten Augenblick, Herr Dreher ein.
Gegenseitig fanden Erörterungen statt; das Gespräch wur-
de fortgesetzt, nur auf andere Weise, indem es aus dem 35
Gebiete des Überschwenglichen auf irdischen Grund und
Boden gelangte. Anton machte kein Geheimnis daraus, dass
er ohne Ziel und Zweck sei; dass er die Tanzmeisterei, die
ihn anwidere, aufgegeben habe, nachdem die einzige Ver-
anlassung, die er dafür gehabt, nicht mehr vorhanden. Er 40

gestand ehrlich, dass er bei seinem Besuche noch nicht an
die Möglichkeit gedacht, hier als dritter Mann eintreten zu
können; dass aber jetzt, wo er einen Blick hinter den Vorhang getan, alte, verklungene Träume von poetischer Thea-
5 terlust in ihm erwachten; dass er es umso leichter fände,
sie – wenn auch nur versuchsweise – zu erfüllen, weil er als
Puppenspieler nicht mit seiner eigenen Person bezahlen,
weil er nicht befürchten dürfe, sich ungeschickt oder unbe-
gabt, wie einen schlechten Darsteller, preiszugeben.

10 „Lassen Sie mich", rief er aus, „gleich heute mein Probe-
stück ablegen: Vertrauen Sie mir einige Röllchen an. Wo ist
das Buch, aus welchem Sie spielen? Ich will's eilig überlesen,
und dann mögen Sie entscheiden, ob Sie mich gebrauchen
können."

15 „Ein Buch?", antwortete Herr Dreher; „ein Buch, mein
Lieber, gibt es nicht; weder die Belagerung von Bethulia
noch irgendein ander Stück ist aufgeschrieben. Wir Puppenspieler sind eine alte Zunft, ein Überbleibsel aus ‚Die
finsteren Zeiten'! Bei uns erbt's sich von Vater auf Sohn,
20 einer lernt vom andern auswendig und hernach trägt man
die ganze Geschichte im Kopf mit sich herum: Jeder von
uns hat müssen einen Schwur ablegen, dass er niemals eine
Zeile niederschreiben will, damit's nicht in unrechte Hände kommt, die uns das Brot wegnehmen. Jetzund leben
25 unserer vielleicht noch vier oder drei von der Nürnberger
Schule. Wenn wir ausgestorben sind, sterben unsere Komö-
dien mit uns aus. Denn das Gelübde müssen wir halten.
Bei mir findet sich nach meinem Tode auch keine Silbe vor,
nicht gedruckt, nicht geschrieben. In Berlin freilich haben
30 sie einen Kollegen von mir garstig betrogen. Da sind die
Gelehrten hinterdrein gewesen und haben sich den Doktor
Faust so oft vorspielen lassen, dass sie endlich das ganze
Stück mit Bleifedern während der Aufführung auf Papier
gebracht, und einer – Horn, glaub ich, war sein Name –
35 hat's gar drucken lassen. Das nenn ich gestohlen. Übrigens
hat auch ein gewisser Goethe einen Faust gemacht, aber
das ist gar dummes Zeug, reim dich oder ich fress dich;
lauter unverständlicher Bombast; und nicht einmal der Kasperle kommt in selbigem Goethe vor. Der ist aber da am
40 allernötigsten; denn wann ich keinen Kasperle nicht hab,

wer soll mir dann die Teufel necken, ihnen Sessel und Tisch
ins Gesicht schleudern, sie auf die Schwänz treten, wenn
er's nicht tut? Das sind meine allerschönsten Szenen! Aber
was ich sagen wollt wegen Ihnen, Herr Hahn, sehn Sie, das
müssen wir uns reiflich überlegen. Hinter meine Gardinen, 5
in mein kleines Laboratorium darf kein Fremder einen Blick
tun; das ist wider unsere Zunftgesetze. Wollen Sie sich ganz
und gar zum Puppenspieler machen; wollen Sie einen Eid
ablegen, sich in alle Regeln zu fügen – na, wir werden sehen.
Morgen reden wir mehr davon; heute schauen sie wieder 10
zu ... und du, Nettel, mach dich zurecht und geh an die
Kasse, es ist Zeit, dass wir uns richten!"–

Karl von Holtei: Die Vagabunden, 54. Kap., S. 370–374

Karl Simrock: Dr. Johannes Faust (Puppenspiel)

*Zum festen Programm der Puppenspieltruppen gehörte der
Faust, der auch in der Novelle erwähnt wird (S. 25). Der folgende
Text ist ein Auszug aus der Version Karl Simrocks, die Storm ver-
wendet hat. Der Mechanikus Geißelbrecht hat 1817 im Husumer
Rathaus dieses Stück aufgeführt. In diesem zweiten Akt sind wir
Zeugen des Paktes zwischen Faust und dem Teufel. Anschließend
lernt Kasperle als Begleiter von Faust die Geister der Hölle kennen.*

ZWEITER AUFZUG

Erster Auftritt
F a u s t allein; hernach die Geister

FAUST *(tritt ein):* Sonderbar, die Studenten sind verschwunden und in der ganzen Stadt nicht mehr aufzutreiben. Aber
gleichviel, bleibt mir doch das Buch, das sie gebracht haben.
Ich bin allein: Nun will ich das Studium der Magie beginnen.
Mein Herz schlägt schneller, es sträubt mir die Haare, denn 5
jetzt überschreite ich die Grenzen der Menschheit.
(Er schlägt das Buch auf und liest.) Also muss ich's machen?
Nichts leichter als das. Und darüber hab ich mir so lange
den Kopf zerbrochen? Nun will ich die Geister beschwören.

(Er löst seinen Gürtel, legt ihn auf den Boden in einen Kreis und tritt hinein. Er murmelt unverständliche Worte und schließt mit) Perlippe.

(Die Geister erscheinen. Faust, sie erblickend) Da sind ihrer ja

5 gleich genug. Aber welchen wähl ich? Ich muss den Grad ihrer Geschwindigkeit erforschen. Du da, mit den weißen Hörnern, gib Antwort. Wie heißt du?

ERSTER GEIST: Vitzliputzli[1].

FAUST: Sag an, wie geschwind du bist.

10 ERSTER GEIST: Wie die Schnecke im Sande.

FAUST: Ha! Um so schnell zu sein, brauch ich keine Geister. Zurück, wo du hergekommen bist. Apage male spiritus.[2] Der Nächste! Wie heißt du?

ZWEITER GEIST: Polümor[3].

15 FAUST: Lass hören, wie geschwind du bist.

ZWEITER GEIST: Wie das Laub, das von den Bäumen fällt.

FAUST: So geschwind wär ich zur Not auch noch. Zurück, wo du hergekommen bist. Apage male spiritus.[2] Der Folgende, wie heißt du?

20 DRITTER GEIST: Asmodi[4].

FAUST: Der kann der Rechte sein. Wie geschwind bist du?

DRITTER GEIST: Wie der Bach, der sich vom Felsen stürzt.

FAUST: So bist du nicht geschwind genug. Zurück! Apage! Der Nächste! Wie heißest du?

25 VIERTER GEIST: Astarot[5].

FAUST: Wie geschwind bist du?

VIERTER GEIST: Wie der Vogel in der Luft.

FAUST: Das geht wohl an, muss aber noch besser kommen. Apage! Die Reihe ist an dir, Rotkopf. Wie heißest du?

30 FÜNFTER GEIST: Auerhahn[6].

FAUST: Wie geschwind bist du?

FÜNFTER GEIST: Wie die Kugel aus dem Rohr.

---

[1] Hüpffuß
[2] „Pack dich, böser Geist!"
[3] Teufel der Gefallsucht
[4] Dämon der Wollust
[5] Teufel der Unzucht
[6] Teufel des Ehebruchs

FAUST: Immer besser, tut's aber noch nicht. Apage male spiritus. Wie heißest du denn, Blaufuß?

SECHSTER GEIST: Haribax[1].

FAUST: Wie geschwind bist du?

SECHSTER GEIST: Wie der Wind.

FAUST: Geschwind wie der Wind? Eine schöne Geschwindigkeit; doch mir zu langsam. Nun sind noch zwei übrig. Wie heißest du denn, Kaminfeger?

SIEBENTER GEIST: Megära[2].

FAUST: Wie geschwind bist du?

SIEBENTER GEIST: Wie die Pest.

FAUST: So ist die Pest geschwinder als der Wind? Aber der Nächste muss ihm noch drüber sein. Wie heißt du denn, dieser Geister letzter?

MEPHISTOPHELES: Mephistopheles[3].

FAUST: Wie geschwind bist du?

MEPHISTOPHELES: Wie der Gedanke des Menschen.

FAUST: Du bist mein Mann. Wie der Gedanke des Menschen! Was kann ich mehr verlangen, als dass meine Gedanken erfüllt werden, sobald ich sie denke? Weiter bringt es Gott selbst nicht. Eritis sicut deus.[4] – Willst du mir dienen?

MEPHISTOPHELES: Wenn es Pluto[5] erlaubt.

FAUST: Wer ist Pluto?

MEPHISTOPHELES: Mein Herr.

FAUST: So frag ihn, ob du mir achtundvierzig Jahre dienen darfst. Hernach will ich dir dienen. Aber kehr wieder in menschlicher Gestalt. Und sage deinem Herrn, dass ich den Genuss aller Herrlichkeiten der Welt, Schönheit, Ruhm und vor allem wahrhafte Beantwortung aller meiner Fragen verlange.

MEPHISTOPHELES: Ich bin gleich wieder hier.

(Verschwindet und kommt sogleich wieder in menschlicher Gestalt.)

---

[1] der Schreckenerregende
[2] die Zürnende
[3] (hebräisch) der zerstörende Lügner
[4] „Ihr werdet sein wie Gott" (1. Moses 3,5)
[5] griechischer Gott der Unterwelt

Deine Bedingungen sind dir gewährt; aber vierundzwanzig Jahre sind die längste Frist, auf die ich mich dir verdingen[1] darf.

FAUST: Vierundzwanzig Jahr, das ist mancher Tag und
5 manche schöne Nacht. Gut denn, ich willige in diese Bedingung.

MEPHISTOPHELES: So gebt mir ein Briefchen – Lebens und Sterbens wegen.

FAUST: Musst du's schwarz auf weiß haben, so schaff Tinte
10 herbei, denn in meinem Fass ist sie längst vertrocknet.

MEPHISTOPHELES: Schwarz auf weiß nicht, aber rot auf weiß. Es bedarf nur Eurer Unterschrift, der Pakt ist schon geschrieben. Die Unterschrift bitt ich mir mit Eurem Blut aus. Hier ist eine Nadel, damit ritzt Euch den Finger.

15 FAUST: Erst will ich den Pakt lesen. *(Nimmt und liest)*
„Ich schwöre Gott und dem christlichen Glauben ab. Nach vierundzwanzig Jahren, das Jahr zu dreihundertfünfundsechzig Tagen gerechnet, will ich dein sein mit Leib und Seele.

20 Ich gelobe, mich in all der Zeit nicht zu waschen noch zu kämmen, auch Haar und Nägel nicht zu verschneiden. Ich will den Ehestand meiden."

Sonderbar, die letzten Bedingungen kommen mir am härtesten vor, und doch sind die ersten ohne Zweifel viel
25 schlimmer. Doch was hilft das Grübeln? Ich nehme sie alle miteinander an.

MEPHISTOPHELES: So unterschreibt. Hier ist die Feder. *(Reicht ihm die Hahnenfeder von seinem Hute).*

FAUST *(für sich)*: Soll ich mit meinem Blut die Seele dir ver-
30 schreiben –
Dies ist wohl ein Moment, das Blut hervorzutreiben.
Da quillt es schon heraus und überströmt die Hand,
Buchstaben bildet's zwei, gleich hab ich es erkannt:
Ein großes H, ein F, die sollen mich wohl warnen?
35 Homo Fuge! – flieh, Mensch, und lass dich nicht umgarnen.
Doch F kann Faustus sein, H Herrlichkeit versprechen.
Vielleicht ist's Zufall nur: Wozu den Kopf zerbrechen?

---

[1] verpflichten

Und schon ist es zu spät, geschrieben steht es klar –
Doch halt ich es noch fest: Mir wird so sonderbar.
Ein ängstliches Gefühl durchrieselt mir die Glieder,
Ich weiß nicht von mir selbst; ohnmächtig sink ich nieder.
STIMME DES SCHUTZGEISTES *(Sopran)*: Betörtes Menschenkind, 5
einst rein und sonder Fehle,
Verloren ewiglich geht deine arme Seele.
Geschaffen, Gott zu schaun und aller Himmel Lust,
Sinkst du dem Abgrund zu: Beklaget den Verlust.
MEPHISTOPHELES: Haha, endlich habe ich den großen Mann. 10
Endlich ging Faust ins Netz. Mir allein gelang es! Pluto wird
zufrieden sein und ich höre schon das Jauchzen der Hölle
aus der Tiefe.
(Mephistopheles ab, Faust erwacht.)
FAUST: Wie? Find ich mich allein? Hab ich wohl gar geschla- 15
fen? Nun fühl ich mich gestärkt und scheue keine Strafen.
Wo bist du, mein Gesell? Warum verlässt du mich? Ist das
dein treuer Dienst?
MEPHISTOPHELES *(erscheint wieder)*: Du schliefst, da ließ ich
dich. Sobald du an mich denkst, bin ich auch wieder da, wie 20
dein Gedanke schnell, du wähltest drum mich ja.
FAUST: So nimm hier diese Schrift, Mephistopheles. Heißt
du nicht so?
MEPHISTOPHELES: Auf Erden nennt man mich so.
FAUST: So höre, Mephistopheles. Du bist mir nun in mensch- 25
licher Gestalt erschienen, aber das rote Unterkleid unter
dem Mantel kleidet dich schlecht und verrät den Unter-
tan unheimlicher Mächte. In solcher Gestalt kann ich dich
unter Menschen nicht produzieren[1].
MEPHISTOPHELES: Darum sorgt Euch nicht. Nur für Euch 30
erscheine ich in dieser Gestalt; in den Augen aller andern
Menschen seh ich immer so aus, wie Ihr es gerade wünscht.
So sollt auch Ihr in aller Menschen Augen der schönste
Mann sein, wenn Ihr Euch gleich, wie Ihr versprochen habt,
weder kämmt noch wascht. 35
FAUST: Schon gut. Aber wohin nun? Hier in Mainz halt ich's
nicht aus.

---

[1] hier: vorzeigen

MEPHISTOPHELES: Mein Luftmantel soll uns alsbald an den Hof des Herzogs von Parma tragen, der eben Hochzeit hält. Da mögt Ihr in allen Freuden schwelgen und mit Zauberkünsten Ruhm und Ehre gewinnen. Nehmen wir auch Euer
5 Gesinde mit?

FAUST: Den Wagner lasst daheim, der ist langweilig.

MEPHISTOPHELES: Aber Kasperle?

FAUST: Den bringt nach, aber auf einem andern Gefährt. Ich hab Euch unterwegs noch dies und das zu fragen, wovon er
10 nichts zu wissen braucht.

MEPHISTOPHELES: So lasst uns fort. In wenig Minuten sind wir in Parma. *(Beide ab)*

Zweiter Auftritt
Kasperle allein, hernach die Geister

15 KASPERLE: *(tritt ein und stolpert über die Schwelle)* Pardauz! Nun weiß ich auch, wie lang dies Zimmer ist. Unglück über Unglück begegnet mir hier im Hause. Das ist kein guter Anfang. Se. Magenessenz[1], mein Herr, hat mir befohlen, ich soll die Sachen vom Staub abblasen. Na, da blas ich also,
20 aber schau – du liebe Güte, was hier für Bücher sind! Da liegt gleich eins auf dem Tisch. Ich will doch mal reinschauen. *(Tritt näher und blättert in dem Buch)* Das ist gewiss ein Brevier[2], wo der Herr draus betet. *(Liest)* K – k – katz – pu – del, oder wie das heißen mag. Das ist doch kurios[3], wenn
25 eins lesen will und kann nit buchstabieren. Ich hätt's gewiss gelernt, aber meine Großmutter starb so früh, denn wie sie starb, da war ich noch ein Kind von zwanzig Jahren. Ich muss aber doch sehen, ob ich's nit herausbring. Katz-Pudel heißt es nit, das seh ich schon. Erstes Kapitel. Ah, das heißt
30 Schnapitel, erstes Schnapitel. Nun kommen wir an die Sach. *(Liest)* „Wenn – man – will – die – Geister – kommen – lassen – so sagt man – Perlippe."
(Eine Menge Geister erscheint.)
Ihr Rattenschwänz, seid ihr Geister? Was wollt ihr?

---

[1] scherzhaft für: Magnifizenz, Ehrentitel für Professoren
[2] Gebetbuch für Priester
[3] merkwürdig

GEISTER: Dir dienen.

KASPERLE: Mich bedienen? Was habt ihr denn Gutes gekocht?

GEISTER: Eisen und Stahl, Pech und Schwefel.

KASPERLE: Da mag der Teufel mit euch essen *(liest weiter)*. 5 „Wenn – man will – dass die Geister – verschwinden – so sagt man: Perlappe." *(Die Geister verschwinden.)* Richtig, alle Rattenschwänz' sind fort. Da kann man leicht ein Teufelsbanner werden.

Perlippe *(die Geister erscheinen)*.

Perlappe *(die Geister verschwinden)*. 10

Das geht ja wie geschmiert. Perlippe *(die Geister erscheinen)*. Jetzt bin ich schon ein ganzer Hexenmeister. Sind doch wunderliche Geschöpfe! Was unser Herrgott nit alles für Zeug gemacht hat! Muss doch hören, was sie treiben. Rat- 15 tenschwanz, wie heißt du?

DRITTER GEIST: Asmodi.

KASPERLE: Allamodi?[1] Wie alt ist Er denn?

DRITTER GEIST: Dreitausend Jahr.

KASPERLE: Dann ist Er ja schon bald wieder aus der Modi. 20 Was hat Er denn zu schaffen?

DRITTER GEIST: Ich kann nichts schaffen, kann nur zunichte machen, was ein anderer geschaffen hat.

KASPERLE: Kann Er das? Nun, das ist schon was; aber ich glaub's halt nit. Da hab ich einen Leuchtturm[2] am großen 25 Zehen, den mach Er einmal zunichte.

DRITTER GEIST: Wenn du mir deine Seele verschreibst.

KASPERLE: Ah, ist Er so ein Held? Er tut auch nichts umsonst, merk ich. Aber ein dummer Teufel ist Er doch, sonst wüsst Er, dass ich nicht schreiben kann. – Aber den langweiligen 30 alten Gesellen bin ich satt. Da ist ein handhohes freundliches Teufelchen, das will ich einmal fragen. Wie heißt du, alter Bursch?

SECHSTER GEIST: Haribax.

KASPERLE: Wie alt ist Er denn? 35

SECHSTER GEIST: Achthundertneunundachtzig Jahr.

---

[1] à la mode, zeitnah

[2] Hühnerauge

KASPERLE: Ei, noch so jung und hat schon Haar ums Kinn? Na, aus Ihm kann mit der Zeit noch ein tüchtiger Kerl werden, wenn Er es nur mutig anpackt. Aber Er muss nit zu lang schlafen und das Schnapstrinken lassen. Der tut
5 nit gut für's Wachstum. Ich hab's an meiner Mutter ihrem Mops gesehen. Kerls, ihr stinkt aber pestialisch. Macht, dass ihr fortkommt. Perlappe. *(Die Geister verschwinden.)* Aber so wohlfeil sollen sie doch nit davonkommen.
Perlippe. *(Die Geister erscheinen.)*
10 Perlappe. *(Die Geister verschwinden.)*
Perlippe, Perlappe, Perlippe, Perlappe, Perlippe, Perlappe, Perlippe. *(Er wechselt mit den Worten so geschwind, bis er endlich außer Atem kommt und mit „Perlippe" schließt. Die Teufel, die er hin und her gehetzt hat, rächen sich an ihm, indem sie*
15 *ihm eine Rakete an die Zipfelmütze hängen.)*
Ich hab's ihnen gut eingetränkt. Aber wer andere jagt, wird selbst zuletzt müde. *(Er lehnt sich zurück. Ein Teufel schleicht sich mit einer brennenden Lunte heran und steckt die Rakete in Brand. Explosion. Kasper fällt schreiend zur Erde, wo er liegen*
20 *bleibt und sich noch tot stellt, als das Feuerwerk schon längst zu Ende ist. Auerhahn rüttelt ihn auf.)*
AUERHAHN: Steh Er auf, Kasperle, steh Er auf. Sein Herr ist fort nach Parma. Will Er nicht auch dahin?
KASPERLE: Nach Parma, was soll ich in Parma machen?
25 AUERHAHN: Er soll zu Seinem Herrn. Wo der Herr ist, da gehört auch der Knecht hin. Er weiß wohl gar nicht, dass Sein Herr des Teufels ist?
KASPERLE: Ist er des Teufels? Das wär des Teufels!
AUERHAHN: Ich will Ihn auch dahin bringen, wenn's ihm recht
30 ist.
KASPERLE: Wohin will Er mich bringen? Zum Teufel? Da bin ich schon. Ist Er nit selbst der Teufel? Wenn ich's nit schon wüsst, so könnt ich's riechen, so 'ne feine Nase hab ich.
AUERHAHN: Nicht zum Teufel, nach Parma will ich Ihn brin-
35 gen, wo Sein Herr auch ist und in tausend Freuden lebt. Er hat vierundzwanzig Jahre Frist, so lange müssen ihm die Geister dienen. Sein Herr hat mir befohlen, Ihn nachzubringen.
KASPERLE: Na, meinetwegen, bring Er mich hin, wenn's nit zu
40 lang dauert.

AUERHAHN: Es geht so geschwind wie die Kugel aus dem Rohr.

KASPERLE: So lass anspannen.

AUERHAHN: Ist schon besorgt. *(Ein feuriger Drache erscheint.)* Steig Er nur auf. 5

KASPERLE: Na, ich sag's doch. Wer alt wird, der lebt lang. Auf dem höllischen Sperling soll ich nach Parma reiten?

AUERHAHN: Ja, das soll Er, wenn Er mir erst Leib und Seele verschreibt.

KASPERLE: Auch noch Fuhrlohn? Ich denk, mein Herr hat Ihm 10 befohlen, mich nachzubringen?

AUERHAHN *(zupft sich bei der Nase)*: Hm!

KASPERLE: Ohnedies schneidet Er sich. Es ist rein unmöglich.

AUERHAHN: Warum soll's unmöglich sein?

KASPERLE: Ja, sieht Er, den Leib brauch ich selbst, ohne den 15 kann ich nit mitfahren. Und was die Seel betrifft, eine Seel hat der Kasperle nit. Ihr dummen Teufel, dass ihr das nit gemerkt habt. Als ich zur Welt gekommen bin, waren just keine Seelen mehr vorrätig.

AUERHAHN: Nun, so steig Er nur auf. Es wird sich wohl fin- 20 den. Aber noch eins. Kann Er auch schweigen?

KASPERLE: Ich schweig halt immer, wenn ich nix zu sagen hab.

AUERHAHN: Sein Herr braucht einen verschwiegenen Knecht. Also, dann steig Er auf. Aber unterwegs darf er 25 nicht sprechen, damit ich sehe, ob Er auch schweigen kann.

KASPERLE: Das wird sich finden *(steigt auf den Drachen. Auerhahn setzt sich hinter ihn. Der Drache fliegt auf.)*

Aus: Karl Simrock: Dr. Johannes Faust, S. 11–17

Bastelanleitung für kleine und große Stabpuppen

Vielleicht habt ihr Lust, die Szenen aus dem Puppenspiel des Doktor Faust nachzuspielen. Dafür benötigt ihr natürlich geeignete Puppen. Fragt eure Kunstlehrerin oder euren Kunstlehrer, ob es möglich ist, diese im Unterricht anzufertigen: Vielleicht habt ihr bereits Marionetten oder Stabpuppen gebaut, die ihr verwenden könnt. Wenn das nicht der Fall ist, könnt ihr in kleinen Gruppen auch zu Hause Figuren für ein Theater herstellen. Diese Anleitung hilft euch dabei.

Kleine Stabpuppen sind sehr einfach herzustellen und zu benutzen. Der Puppenspieler arbeitet dabei nicht mit den Händen, sondern begnügt sich damit, den Stab an seinem unteren Ende zu führen.

Die Köpfe sind eher klein, und zwar aus Tischtennisbällen, Papier- oder Holzkugeln. Es genügt, die Kugel auf der Spitze eines Stabes (ca. 30 cm) zu befestigen. Die Abbildungen zeigen solche Stabfiguren. Ein Stück Stoff wird auf den Kopf geklebt oder fest an den Hals genäht, sodass der Stab verdeckt ist. Die Hände oder Arme können direkt auf den Stoff

genäht oder gestickt werden. Eine Tierfigur wird wie in der
Abbildung aus zwei im Profil gleichen Stücken aus Filz herge-
stellt, die an den Rändern vernäht werden. Der Körper wird
dann mit Watte, Woll- oder Stoffabfällen ausgestopft. Dann
werden zwei Stäbe in das Innere der Pfoten geschoben. 5

Mit etwas mehr Aufwand kannst du auch größere Stabpuppen herstellen. In Frankreich werden sie Marotten genannt. Es sind große Puppen (ca. 60–80 cm), deren Kopf ebenfalls auf einem Stab angebracht ist. Den Kopf kannst du als fertige Styroporkugel im Bastelgeschäft kaufen oder, was etwas aufwändiger ist, aus Pappmaschee selbst formen. Die Kugel musst du natürlich mit einem ausdrucksstarken Gesicht und Haaren oder einer Kopfbedeckung ausstatten.

Beim Spiel hält eine Hand den Stab, während die andere von hinten durch eine Öffnung in der Kleidung geführt wird (s. Abbildung). Gut ist es, wenn die sichtbare Hand des Spielers oder der Spielerin einen Handschuh trägt. Die zweite Hand der Figur wird auf das Kostüm, welches unterhalb des Kopfes festgebunden oder geheftet wird, genäht. Tierfiguren kannst du wie zuvor herstellen; natürlich muss der Tierkörper der Größe der anderen Figuren angepasst werden. Geführt werden die Tiere über zwei Stäbe.

Nach: Ann Rocard: Puppentheater, S. 21 und 24

Eine Szene bearbeiten und spielen

Natürlich reicht es nicht aus, Figuren zu basteln, um eine Szene wirkungsvoll aufzuführen. Wichtig ist auch der Text und das, was ihr in der Vorbereitung und beim Spiel daraus macht. Regisseure, die große Theaterstücke auf die Bühne bringen wollen, legen zuvor ein Regiebuch an, in dem der Text, aber auch die konkreten Sprech- und Spielanweisungen enthalten sind. Die Regieanweisungen, die in der Vorlage stehen, reichen oft nicht aus.
Möglich ist es auch, den Originaltext zu kürzen, zu erweitern oder entsprechend den Erwartungen des Publikums zu verändern.
Wenn ihr „Das Puppenspiel vom Doktor Faust" einmal auf einer professionellen Bühne seht, werdet ihr feststellen, dass vieles vom Originaltext abweicht. Vor allem die Rolle des Hanswurst („Kasperle") bietet zahlreiche Gestaltungsmöglichkeiten. Er kann zum Beispiel das Publikum ansprechen, mit ihm spielen, besonders lustige Szenen ausdehnen,

indem er zum Beispiel die Geister mit dem Zauberspruch immer wieder herbeiruft und wegschickt, bis sie schwindelig sind, und vieles mehr.
So sollt ihr mit den zuvor abgedruckten Szenen verfahren. Natürlich könnt ihr auch die Wortwahl ändern, wenn sie euch zu fremd erscheint.

Folgendes Verfahren ist sinnvoll. Übertragt die nachfolgend abgedruckte Tabelle in euer Heft (DIN A 4) und erarbeitet in Gruppen ein sogenanntes Regiebuch (Rolle, Text und Spiel- und Sprechanweisung).
Verteilt anschließend die Rollen und versucht, den Text entsprechend ausdrucksstark vorzutragen und später mit den Puppen zu spielen. Als einfache Bühne kann euch dabei ein Tisch dienen.
Vielleicht habt ihr ja auch Lust, weitere Szenen hinzuzuerfinden oder den ganzen Text kennenzulernen. Euer Lehrer oder eure Lehrerin kann sicher dabei behilflich sein.

Das Puppenspiel vom Doktor Faust
– Ein Regiebuch

Rolle	Text	Sprech- und Spielanweisung
Faust:	Komisch, die Studenten sind verschwunden und nirgendwo in der Stadt mehr aufzutreiben ...	spricht verwundert, in sich gekehrt, geht im Raum umher ...

u.s.w.

5. Literarische Theorien

Zum Begriff der Novelle – Ein Lexikonauszug

Novelle. Das lateinische Wort „novella" bedeutet „Neue-
rung in einem Gesetz". Daraus leitet sich italienisch „novella"
ab, das eine Erzählung als Neuheit bezeichnet. In der Tat wird
in einer Novelle eine, nach Goethe, „sich ereignete, uner-
5 hörte Begebenheit" dargestellt. Meist geht es darum, wie
das Schicksal eines Menschen in einer schwierigen Lage, in
einer inneren oder äußeren Krise eine Änderung erfährt und
plötzlich eine neue Wende nimmt.
Oft bezieht sich dabei die Handlung auf einen Gegenstand,
10 an dem sich der Einfluss des Schicksals besonders deutlich
zeigt und spiegelt. Diesen Gegenstand nennt man auch den
„Falken" einer Novelle, weil in einer Novelle des Boccaccio
die Liebesgeschichte eines Mannes durch einen Falken eine
glückliche Wendung nimmt. In der bekannten *Judenbuche*
15 von Annette von Droste-Hülshoff spielt die Rolle des „Falken", also Gegenstandes, in dem sich das Schicksal sozusa-
gen „verdichtet", die im Titel genannte Buche.
Die Form der Novelle soll knapp und straff sein und auf
den Höhepunkt der Erzählung, den Wendepunkt, hinzie-
20 len. Insofern ist sie mit der Anekdote verwandt, hat aber
auch Ähnlichkeit mit dem Drama, das ja ebenfalls straff zum
Höhepunkt der Handlung hinstrebt und kurz ausklingt. Es
ist deshalb kein Zufall, dass William Shakespeare (England)
manchmal Novellen als Grundlage für seine Dramen ver-
25 wendet hat. Novellen sind seit der Antike bekannt, aber
erst mit der Renaissance wurden sie zu einem festen
literarischen Begriff. Den ersten Höhepunkt erlebte die
Novelle in der Sammlung von Erzählungen, die der italie-
nische Dichter Giovanni Boccaccio zwischen 1348 und
30 1353 unter dem Titel *Decamerone* herausgab (Italien). Hier
erzählt sich eine Gruppe von Menschen, die vor der Pest
aus Florenz geflohen ist, an zehn Tagen reihum interessante
Geschichten, um sich die Zeit zu vertreiben. Die Unterhaltungen der Leute bilden dabei den „Rahmen", in den die
35 Novellen eingebettet sind.

In der Romantik wurden die Novellen Boccaccios wegen ihrer Behandlung des „Unerhörten" und ihrer stofflichen Vielseitigkeit wieder entdeckt. Als Erster nahm Goethe in den *Unterhaltungen deutscher Ausgewanderten* (1795) das Thema (Flucht) und den Aufbau (Geschichten in einer Rahmenhandlung) des *Decamerone* auf. Zwar gebrauchte er darin den Begriff „Novelle" noch nicht, schuf aber doch typische Novellen „sittlich-beispielhafter" Art. Später schrieb er (1827) ein Musterstück dieser Gattung in seiner *Novelle,* in der die Zähmung eines wilden Tieres durch „frommen Sinn und Melodie" geschildert wird.

Schicksals- und Entscheidungsnovellen schrieb Heinrich von Kleist, so in der *Verlobung von San Domingo* und im *Michael Kohlhaas.* Bekannt sind auch die oft das Wunderbare und Unheimliche streifenden Novellen von E.T.A. Hoffmann, z.B. *Das Fräulein von Scuderi, Das Majorat, Die Bergwerke von Falun* oder die zu einer der Vorlagen zu Richard Wagners Meistersinger gewordene Novelle *Meister Martin der Küfner.* Weitere wichtige Novellendichter sind: Jeremias Gotthelf *(Die schwarze Spinne),* Eduard Mörike *(Mozart auf der Reise nach Prag),* C. F. Meyer *(Der Heilige, Plautus im Nonnenkloster, Der Schuss von der Kanzel).* Ebenso bedeutend als Novellendichter ist Gottfried Keller, von dem so bekannte Novellen wie *Romeo und Julia auf dem Dorfe* oder *Das Fähnlein der sieben Aufrechten* oder *Kleider machen Leute* stammen.

In unserem Jahrhundert tritt die Novelle etwas zurück, doch finden sich auch hier hervorragende Beispiele wie der *Tod in Venedig* und *Mario und der Zauberer* von Thomas Mann oder *Bahnwärter Thiel* von Gerhart Hauptmann. Auch Werner Bergengruen, Stefan Andres und Gertrud von Le Fort sind als bedeutende Novellendichter hervorgetreten.

Heinrich Pleticha: dtv junior Literatur-Lexikon, S. 63–64

Paul Heyse: Die Falkentheorie

Bei der Suche nach geeigneten Novellen für eine Anthologie achtete Paul Heyse (1830–1914) vor allem auf ein Kriterium: Ein novellistisches Motiv müsse vorhanden sein. So entstand seine berühmt gewordene Falkentheorie. Auf die Frage, ob Pole

Poppenspäler *in die Liste aufzunehmen sei, antwortete Storm, man solle als Falken den Kasperle nehmen.*

Im Allgemeinen aber halten wir auch bei der Auswahl für unseren Novellenschatz an der Regel fest, *der* Novelle den Vorzug zu geben, deren Grundmotiv sich am deutlichsten abrundet und – mehr oder weniger gehaltvoll – etwas
5 Eigenartiges, Spezifisches schon in der bloßen Anlage verrät. Eine *starke Silhouette* – um nochmals einen Ausdruck der Malersprache zu Hilfe zu nehmen – dürfte dem, was wir im eigentlichen Sinne *Novelle* nennen, nicht fehlen, ja wir glauben, die Probe auf die Trefflichkeit eines novellistischen
10 Motivs werde in den meisten Fällen darin bestehen, ob der Versuch gelingt, den Inhalt in wenige Zeilen zusammenzufassen, in der Weise, wie die alten Italiener ihren Novellen kurze Überschriften gaben, die dem Kundigen schon im Keim den spezifischen Wert des Themas verraten. Wer, der im
15 Boccaz[1] die Inhaltsangabe der 9. Novelle des 5. Tages liest: „Federigo degli Alberighi liebt, ohne Gegenliebe zu finden; in ritterlicher Werbung verschwendet er all seine Habe und behält nur noch einen einzigen Falken; diesen, da die von ihm geliebte Dame zufällig sein Haus besucht und er sonst
20 nichts hat, ihr ein Mahl zu bereiten, setzt er ihr bei Tische vor. Sie erfährt, was er getan, ändert plötzlich ihren Sinn und belohnt seine Liebe, indem sie ihn zum Herrn ihrer Hand und ihres Vermögens macht" – wer erkennt nicht in diesen wenigen Zeilen alle Elemente einer rührenden und
25 erfreulichen Novelle, in der das Schicksal zweier Menschen durch eine äußere Zufallswendung, die aber die Charaktere tiefer entwickelt, aufs Liebenswürdigste sich vollendet? Wer, der diese einfachen Grundzüge einmal überblickt hat, wird die kleine Fabel je wieder vergessen, zumal wenn er sie nun
30 mit der ganzen Anmut jenes im Ernst wie der Schalkheit unvergleichlichen Meisters vorgetragen findet.

---

[1] Boccaccio: Italienischer Dichter des 14. Jahrhunderts, der unter dem Titel „Decamerone" eine Sammlung von Erzählungen herausgab, die als erste bedeutende Novellen in die Literaturgeschichte eingingen.

Wir wiederholen es: Eine so einfache Form wird sich nicht für jedes Thema unseres vielberüchtigten modernen Kulturlebens finden lassen. Gleichwohl aber könnte es nicht schaden, wenn der Erzähler auch bei dem innerlichsten oder reichsten Stoff sich zuerst fragen wollte, wo „der Falke" sei, das Spezifische, das diese Geschichte von tausend anderen unterscheidet.

Paul Heyse: Die Novelle, S. 68

Bibliografie und Textquellennachweis

Storm, Theodor: Pole Poppenspäler. Text, Entstehungsgeschichte, Quellen, Schauplätze, Abbildungen. Hrsg. Gerd Eversberg. Heide: Boyens, 2. Auflage, 1996.

Storm, Theodor: Das eigene Puppentheater. Aus: Nachgelassene Blätter. In: Garten meiner Jugend. Ein Lebensspiegel in Selbstzeugnissen, Briefen und Dichtungen, 1. Teil. Hrsg. Frank Schnass. Ebenhausen bei München: Langewiesche-Brandt, 1950.

Storm, Gertrud: Vergilbte Blätter aus der Grauen Stadt. Regensburg und Leipzig: Habbel und Naumann, 1922.

Eversberg, Gerd (Hrsg.): Storm-Porträts, Bildnisse von Theodor Storm und seiner Familie. Heide: Boyens, 1995.

Heiligenstädter Storm-Lesebuch. Mit Illustrationen von Werner Löwe. Heiligenstadt, 1992.

Heyse, Paul: Einleitung zu „Deutscher Novellenschatz". In: Die Novelle. Hrsg. Josef Kunz. Darmstadt: Wissenschaftliche Buchgesellschaft, 1973, S. 66–69.

Hoffmann, Klaus: König der Kinder. In: Ich will Gesang, will Spiel und Tanz. Berlin: Ruetten und Loening, 1977

Holtei, Karl von: Die Vagabunden. Berlin: Wegweiser, o.J.

Keller, Gottfried: Der grüne Heinrich. Stuttgart: Cotta, 1950.

Klaaß, Robert (Hrsg.): Das Goldene Buch der Lieder. Charlottenburg: Herold, o.J.

Laage, Karl Ernst: Theodor Storms Welt in Bildern. Heide: Boyens, 1987.

Pleticha, Heinrich: dtv junior Literatur-Lexikon. Berlin, München: Cornelsen und Deutscher Taschenbuch Verlag, 1986.

Rocard, Ann: Puppentheater. Von der Fingerpuppe zur Marionette. Freiburg: Christophorus Verlag, 1980.

Simrock, Karl: Dr. Johannes Faust. Ein Puppenspiel in vier Aufzügen. Bearbeitet von U. Lehmann. Hamburg: Hamburger Lesehefte Verlag, o.J.

ders.: Doktor Johannes Faust. Puppenspiel in vier Aufzügen. Hrsg. G. Mahal. Stuttgart: Reclam, 1991.